シリーズ現場から 4

「ケア」を謳《うた》わないケア

児童養護施設・心理職の視点から

内海新祐
utsumi shinsuke

言視舎

まえがき

　この本は、フリージャーナリストの佐藤幹夫さんにお誘いいただいたことがきっかけとなって編まれた。「これを機に、自身のこれまでを振り返ってみるというのも、いろいろな意味で悪くない作業ではないか」。そう言われて、確かにそんな気がした。自分としては図々しくもまだ20代半ばくらいのつもりでいたのに、ふと気づけば50を過ぎて職業生活も後半に入っている。いつのまにか淀みや歪みがあちこちに生じているかもしれない。本を作ることで何がどう変わるのかまでは見通せないけれど、自分の中で何かがまとまり、動き出し、今後も生きて仕事をしていく上での良い作用が何か生まれるかもしれない。そう考えてお誘いに乗ってみることにした。

　私はこの20年来、児童養護施設で心理職をしている。児童養護施設は家庭で暮らせなくなった子どもを公的な責任において養育する施設で、やってくる子どもたちは育つ上での不利な環境や条件をさまざまに経験している。本書はそのような「逆境体験」を持つ子どもたちの育ちやケアについて考えたことのいくつかをまとめたものである。

　序章はある研修の講演録であるが、いわば総論的なもので、この子たちのケアに関する私の基本的な考えを示したものである。第1部ではそれをもう少し分け、ケアの手がかりとなるであろうことを並べた。アタッチメントやレジリエンス、解離など、現在この分野において欠かせなくなっている概念が現場ではどう生かせるのか、ということを意識した。

第2部は、ケアを進めていく上での困難が主題となっているものを集めた。「子育ての困難」が児童養護施設という場においてはどんなふうにあらわれるか、それに飲み込まれないためには何が必要かを書いているわけだが、私としては、それらが子育て一般についてもどこか通じるところがあると考えている。

第3部は臨床実務そのものではなく、そこから派生的に考えたことを集めた。社会的な事象に言及した部分もあり、一施設職員としては踏み込みすぎと見えるかもしれない。だが、どれも臨床の糧になることこそが目的であり、実際、最終的にはそこに還っていると自分では思っている。なお、全編を通じ、文中事例はすべて複数の事例を再構成したフィクションである。

ここに収められている文章は、いくつかの雑誌から与えられたテーマにその都度応えたものである。その意味で公共性を意識してはいるのだが、私としては、文章は基本的には自分のために書いてきたという感覚がある。そのテーマを頭のどこかに浮かべているうちに動き出した思考や感情の明滅をどうにかしたい。いささか極端な言い方だが、このもどかしさから救われるために私は書いてきたように思う。

そうやって出来上がったものは、独りよがりなものになってしまうおそれはあるけれど、案外、他の方の思考や感覚と通ずることもあるかもしれない。果たして本書はどうだろう。この本のどこかに、読まれた方とささやかながら連帯できる何かがあると嬉しい。

「ケア」を謳わないケア　児童養護施設・心理職の視点から　目次

第2部　子育ての困難をどう乗り越えるか　123

第3部　臨床とその周辺　191

序章　虐待を受けた子どもの回復と育ちを支える生活の中の支援

Ⅰ　生活への着眼

1　はじめに

　ただ今ご紹介にあずかりました内海と申します。本日は「虐待を受けた子どもの回復と育ちを支える生活の中の支援」というテーマでお付き合いいただくことになりますけれども、このテーマは基本的には皆さんにとっては釈迦に説法の話であろうと思います。私が今日お話しさせていただくことは、毎日の生活が子どもたちの回復と成長にどんなに重要な意味を持っているか、ということに尽きます。皆さんは子どもたちとの生活に直接関わられる職種の方で、しかも指導者層になるほどのキャリアを積まれた方ですから、それはもう十分ご存知のことと思うんですね。

　ですから、心理士の私などが生活の重要性をお話しするというのは釈迦に説法だろうと思います。ただ、家事や育児というものは、毎日繰り返し手を染めていると、ともするとその意味を問わずに流れてしまうものかもしれないとも思います。なので、日頃皆さんがやってらっしゃる実践、あるいは皆さんが指導されている職員さんの日頃のさまざまな場面が、心理士からするとこんな意味を持っているように見えるということを提示したいと思います。それによって「こんな見方もできるのか」というようなことが皆さんのなかで一つでも二つでも生じれば、私は今日の自分の責任を果たしたことになるのかな、と思っております。

2 精神科病棟での経験から

自己紹介を兼ねて少し私についてお話しようと思います。現在、私は児童養護施設の職員をしておりますが、それ以前は大学院に通いながら総合病院の精神科や精神科クリニック、それから学生相談や地域の作業所なんかにふらふら出入りして、研修や仕事をしたり、あるいはボランティアで活動したりしておりました。ご存知のように、心理士にはいろんな職域があります。スクールカウンセラーや心理教育相談員、病院やクリニックなどのカウンセラー……。心理職と聞いてぱっと思い浮かぶ職域はこんなところでしょうか。私はそういう数ある職域の中で、この児童福祉の分野を選んで来た、という意識があります。

どうしてこういう分野に来たのか、ということが私を語ることになると思いますし、今日のお話の内容にもつながると思いますので、少し話をいたします。私はまだ学部学生の時に、たまたまある病院の精神科病棟に行くところから自分の研修をスタートさせました。何故そこに行ったかというと、それは本当にたまたまだったのですね。私の先輩たちが代々その病院に出入りしていて、私が研究よりは実践の分野に関心があるということを先輩が知って誘ってくださり、それでその病院に行くことになったわけです。

当時の精神科病棟というのは、もう長らく統合失調症を患われて20年30年と経つ成人の方で占められているところが多かったんですけれど、そこは珍しく、児童思春期の患者さんが7割、8割くらいを占めるような病棟でした。何故そういう患者さんが集まっていたかというと、そこを取り仕切っておられた精神科部長の先生が小倉清先生という著名な児童精神科医の先生で、その先生の主導で積極的に児童・思春期の患者さんを受け入れていたからでした。私はそういう著名な先生がいらっしゃるというのは全然知らずに、先輩に誘われるままに行ったわけですが、入った初日から、なんの前置きも説明もされず、「まあとにかく病棟に行ってください」と言われ、名札だけもらって、普段着のままいきなり病棟に放り込まれる、そういう形で始まったのです。

心細い気持ちできょろきょろして、椅子に座ったりふらふら歩いたり、そういう時間がしばらくあり、やがて患者さんのほうから「新しい研修生ですか?」と声を掛けてくれて、バドミントンをしたり、キャッチボールをしたりというようなことが始まりました。

そこの病院では医者が白衣を着ていなくて、看護師さんも白衣を着ている人がいたりいなかったりでした。患者さんも研修生もはたから見るとあまり見分けがつかないようなところで、私の先輩などは、ちょっと頭の回転が速すぎてヘンに見えたせいか、「あの人は『自分は東大生だ』

という妄想を持った患者なんだ」って患者さんの間でうわさされていたみたいです。

研修と称する時間のなかで私は何をやっていたかというと、病棟内に「フリートーク」「体操療法」「お茶会」など、曜日ごとの行事プログラムがさまざまあって、それに一緒に参加していたほかは、患者さんとキャッチボールをしたり散歩をしたり、ソファでおしゃべりしたり、そんなことしかしていませんでした。しばらく経つと特定の患者さんの勉強を見てくれと医者に言われて見るようになったり、それからある小学生の患者が外出するのに付き合ってくれと言われ、毎週その子が外出する時について行って、近所のお店のゲーム機でゲームをやるのを傍で眺め、しばらく付き合って帰ってくるというようなことをやったりしていました。

病棟の研修生はいろいろな大学からいろいろな学生さんが来ていて、私のような心理の人間もいたし、福祉の学生さんもいたし、看護学生さんもいた、というようにいろいろな方が入り乱れていました。何を専攻しているかというよりも、それぞれその研修生の持ち味、個性、あるいは得意技で関わっているようなところがあって、歌のうまい研修生は患者さんに歌を教えたり一緒にピアノを弾いて歌ったりするし、勉強が得意な人は勉強を見て、運動が得意な人は一緒に走って……と、それぞれの関わり方をしている病棟でした。

そんなふうに過ごしていたんですけれど、2年、3年とたつうちに、私も学部学生だったのが大学院に進むようになり、少しは専門っぽいことも勉強するようになりました。しかし病棟でやっていることと言えば相変わらず患者さんと遊んだり散歩したりキャッチボールしたり、それから運動会や納涼祭など時々の病棟の行事に参加したり、そういうことばかりだったわけです。そういうふうに過ごしながら、胸のうちではずっとある思いが去来していたように思います。ずっとと言っても断片的なもので、強くなったり弱くなったりしながら体のどこかにあったような感じのものでしたが、それは要するに、「自分はこんなことでいいんだろうか、せっかく精神科の病棟に研修に来ているのに病気のことや治療のことを何も学んでいないじゃないか」といった不安みたいなものでした。少し腰の定まらない気持ちになって、ナントカ療法とか、そういったものを学ばなくていいんだろうか、そんな気持ちでした。

3　ある呪文：「理想の精神科病棟とは、治療など何もない病棟」

そんな折に、ふとある文章を目にしたのですね。それはそこの精神科部長だった小倉清先生が、ある本の座談会で語っていたもので、それを文字で目にしたわけです。「自分が理想とする精神科病棟というのは、治療など何もない病棟だ」と。[1] 私は当時「治療について全然教わっていない。こんなことで自分は研修をやっていることになるのだろうか」という心もとない思いになっていたものですから、なんだかほっとするようなところがあったのですね。「理想の精神科病棟は治療など何もない病棟」。それに続けて、「ただご飯を食べて、もそもそ動いて、寝て、患者同士でけんかをしたりとか仲直りしたり、そういうことをしている間に治ってしまうような病棟。薬物療法や、心理療法、精神療法などというのは何もなくて、そういうふうにそこで生活しているだけで良くなってしまう、それが理想なんだ」という意味のことをおっしゃっていました。病棟というかっちりとした構造に守られながら、児童期・思春期の患者さんがそれまで得てこなかった体験をそこでして、その中で自然に良くなっていく。……その目で見ると、どんな経験がこの患者さんにとっていい変化をもたらすのだろうか、どういう関わりが、誰との関わりがそれにつながるんだろうかというようなことを、病棟の医師や看護師さんは、よくよく考えていたことに気づかされていきます。「自然に」といっても、そこには病棟生活の中で「治療的」な体験が生じるような、さまざまな考えや観察、配慮があったわけです。

そんなこともあって、子どもの育ちとか良い変化、そういうものに関係するものはなんでも「治療的な時間」だとか「治療的な関わり」だとか、そんなふうに見る癖がついてしまったように思います。生活の中のいろいろな出来事、出会う人が、人をいい方向に動かす。「専門的」な病棟であっても、特別な体裁をとるものが「治療」とは限らない、というのが原体験にあって、それが私にこういう、生活全体を視野に入れる児童福祉の分野を選ばせたのだろうと思うのです。

4　人を救う「心理療法」以外のもの

でも、そもそも私はなぜ、「理想の精神科病棟は治療など何もない病棟」という、いわば〝呪文〟のような言葉に共鳴したのだろうか、という問いは残りますね。それを考えていくと、結局、私自身は心理療法というものを受けることによっていろんな困難を乗り越えてきたり、救われたりしたわけではないからなのだろう、ということに行きつくような気がします。

人生を語るなど、私にはまだまだ早過ぎるとは思いますけれど、それでも、それなりに年数を生きていれば、「ああ、あのまま進んでいったら自分はずいぶんまずい状態になっていたな」と、振り返って思うことはあります。自分が今、職場で見ている子どもたちの辿ってきた道と自分のそれを比較すると、自分は相当幸運な星の下に生まれてきたと考えざるを得ないわけですけれども、それでもなお、そういうことってありますね。

子どもたちと関わっていると、自分はこの年齢のときにはこういうことを考えていたなとか、こんなことは考えなかったなとか、いろいろ思います。皆さんも考えますよね？　でも、分かれ道となるようなポイント、分岐点となるような時期に、心理療法によってこっちに行かずに済んだとか、ここから救われたというわけでは必ずしもなかったろうと思うのです。生活の中で出会う人とか、ちょっとした誰かの一言とか、そういったもので軌道修正が図られていったところがある。少なくとも自分では3カ所ぐらいそういうことを思い出せます。けれども、本当は3カ所どころではなく無数にそういうのがあって、でもその都度いちいち精神科医や心理士のところに人は訪れないですよね。日常の中で出会うさまざまな人や出来事によって救われている。そういうことをどこかで思っていたがゆえに、その〝呪文〟に惹かれたのかなと思います。ウンベルト・サバというイタリアの詩人が、「ミラノ」という詩のなかで「人生ほど／生きる疲れをいやしてくれるものは、ない」と書いていて[2]、もちろん人間は生活の中でいろいろな傷を受けて、病を得たり調子を崩したりするものでもありますけれども、「人生ほど／生きる疲れをいやしてくれるものは、ない」というのもまた確かな一面かと思います。まずこのことを申し上げたいと思いました。

Ⅱ　虐待を受けた子どもにとっての生活の意味

1　「生活が治療的になる」とはどういうことか

そんなことを申し上げた上で、本題の「虐待を受けた子どもにとっての生活の意味」になるわけですけれど、ここではおもに「治療的な意味」について考えたいと思います。「治療的」というのは、ここでは、その子どもが生きる元気を得たり、ちょっとは頑張って生きてみようと思えたり、あるいはそれまでより生きやすいスタイルを多少なりとも作れたり、まあそのくらいの意味で使っていますが、生活が治療的になるとはどういうことか。なぜ治療になりうるのか。

これは結局、その子がどのような世界を今現在生きているかによるのだろうと思います。そして、その子がどのような世界を生きているかは、その子がどのような歴史を背負っているか、どのような経験をしてきたか、あるいはしてこなかったか、ということが大きく関係しているはずですね。皆さんも今ここで私の話をお聞きになっていて、それがどのような経験になるかというのは、もちろん私の話の質にもよりますけれど、皆さんがこれまでどういう経験をしてきて、どういう体験を子どもとの間でしてきたかということが大きく関係していますよね。それと同じことで、ある1つの出来事や1つの関わりが、その子にとってどんな意味を持つかは、その子がどういう歴史を持っているかに大きく依存するはずです。

2 虐待を受けた子どもが生きている世界

それで、虐待を受けた子どもがどんな世界を生きているかということになるわけですけれども、お前には分かるのか、お前にそれを語る資格があるのかと言われれば、本当のところでは口をつぐまざるを得ませんね。でも、無口を決め込むわけにもいかないので、先人たちの残してくれたことや子どもたちから勉強するわけです。それをお話ししますが、そういったものについては、もう皆さん重々ご承知のことだと思います。

虐待と一口に言っても時期や程度はさまざまですが、基本的には、発達早期に体験されるはずの、特定の大人との継続的で細やかな情緒的な体験が与えられていなかったり、偏った形で与えられたりして、要するに、生きていくための糧そのものの剝奪やゆがみの中で培われた世界を生きていると考えられるわけです。統合失調症や鬱のために思うような養育ができなかった親御さんも結構いますし、経済事情が厳しかった場合も多い。そういった、難儀な事情が様々あって、結果として、乳幼児期のこころの発達課題をうまく獲得できずにいた子たちだろうと考えられるわけです。それはどんな世界か、ということです。

（1）安心感・安全感

乳幼児期のこころの発達課題とは、要するにごく基本的なことです。1つには自分がいる場所は安全なんだ、自分はここにいて大丈夫なんだ、という安心感や安全感です。これはどんなふうに培われるかというと、生まれ落ちたその瞬間、もっと言えば、生まれ落ちる前の準備状態からもう始まっています。赤ちゃんは、生まれ出てくるときに、ものすごいストレスを経験すると言われています。胎内の環境は、一定の温度や、そう大きな変化のない状態に護られています。しかし、出産ともなれば、急にお母さんの中にホルモンの変化が起きて、収縮が起きて、そして狭い産道を赤ちゃんはうねるようにして頭蓋骨をずらしながら何時間もかけて出てくるわけです。それだけでもすごいことですけれど、出てきたらその時には、お母さんのおなかの中では経験しなかったものすごい光とか、音とか、匂いとか、そんなものが一斉に襲ってくる。赤ちゃんにとっては、これはすごい変化で、もう何がなんだか分からない状態だと想像されます。その中で、「ああ、生まれたねー」というような声とか表情とか、そういう歓迎する空気の中で抱き止められ、落ち着かせてもらうことで、なんとか「やれやれ助かった」という感じに赤ちゃんはなるわけです。(3)(4)

でも、それは1回で済むわけじゃないですね。1回やれやれと思ったら、自分にはよく分からない不快な身体感覚が生じて、「わあー」ってまた泣かざるを得ない。泣いたことによって一所懸命お世話してもらい、それで「ああ良かった」と落ち着く。その繰り返しを何百回も何千回もやって、その中で「自分は大丈夫なんだ、ここは安心なんだ」という感覚を身に付けていくわけですね。

（2）世界に対する信頼感

それから、「怖いときには護ってもらえるし、世界というものは自分が必要としているものを与えてくれる。大人が自分に与えてくれるものはいいものなんだ」という、世界や他者に対する信頼感。これは主に養育者、特定の養育者によって媒介されて育つものです。怖くてたまらない、不安でどうにもならない、寂しくてしょうがない。そういうときに護ってくれる、自分をなだめてくれる人がいる。そして、空腹や体温の変化、そういったものに対して欲求を出せばそれに応えてくれる。それらによって、「ああ自分は望むものを望んでいいんだ、大人が自分に与えてくれるものはいいものなんだ」という感覚を身に付けていくわけですね。

（3）自分への信頼感

それが根付いていくなかで、「自分はそうしてもらうに値する大事なものなんだ、価値ある存在なんだ」という信念も育ってくる。自分への信頼感とか自尊感情というものですね。自分が望んだものを的確に理解してもらって返してもらう。自分が望んだことに対して叱られたり怒声を浴びせられたりするのではなくて、的確に応えてもらう。その繰り返しによって「自分はそうしてもらうに値する人間なんだ」という自分に対する価値の感覚をつくっていける。

(4) 能動感・自律性

それから、「自分の力で状況は変えられるんだ、なんとかできるものなんだ」という能動感ですね。今は寂しくて、寒くて、怖くてしょうがない状態でも、自分が一所懸命訴えればその状況はなんとか変えることができるんだ、と。赤ちゃんは初めは単に受身的に、漠然とした不快な感覚を養育者に取り除いてもらいますが、養育者に的確にかかわってもらうなかで、やがては自分の不快の中身を分化してとらえ分けることが可能になり、泣き方、訴え方の違いによって効率的にその状況を変えることができるようになっていきます。「自分の力で状況は変えられるんだ、なんとかできるものなんだ」と。それが能動感です。

そして、それらがベースになって、「自分が信頼している人、好きな人たちに認めてもらいたい。自分もあの人たちのなかでうまくやっていきたい。あの人たちと同じようにやりたい。自分にはそれができるはずだ。だから、嫌なことでもちょっと頑張ってみよう。今すぐやりたいことでもちょっと我慢してみよう」という意志が芽生えてくることになります。外からの強制力によって自分を律するのではなく、内側から自分をコントロールする力ですね。それが自律性と呼ばれるものです。

（5）基本的なこころの発達課題が培われないと……

こういったものが乳幼児期の心の発達課題と考えられるものです。もちろん、これらを完璧に得ている人など一人もいないわけで、誰しも多かれ少なかれ傷や不全感を抱えているわけですけれど……。でも、いかがでしょう、皆さんも自分たちの施設にいらっしゃるお子さんたちを思い返してみて、このあたりのことが十分根付いていないお子さんは多いと思うのですけれど。

ある小学生について、たまたま昨日カンファレンスをしていて、この子はやはりそのあたりの根付きが弱いのかなと思いました。日頃、本当にささいなことで担当者とぶつかってけんかするらしいのですね。例えば、前にお風呂に入った子がバスマットを使った。次に自分がお風呂に入って上がってみるとバスマットが濡れている。だから取り換えてくれと担当者に言う、とか。担当者が「いや、これはまだ1人しか使ってないし、そんなに濡れてもないからまだ使いなよ、大丈夫だから」と言ってもごねて使わない。その子が何かを要求して、担当者がそれなりに筋の通った考えや理由から「いや、それは……」と断るような形で必ずけんかになるって言うんです。けれどたまに、その子が「こうしてよ」って言ったことを、担当者が、「ああいいよ」とあっさりオーケーすると、「えっ、いいの」というふうにすごくびっくりしたような顔をするというのですね。

その子はどんな赤ちゃん時代を生きていたのか。母子手帳がなかったり、養育者が乳幼児期のことを十分に語れなかったり、不明な点は多いのですけれど、状況から察するに、赤ちゃん時代はネグレクトの状態だったようで、情緒的に反応しない親御さんだったと推測されます。児童期には虐待も受けていました。それを下敷きに考えてみますと、この子は何か自分が要求を出すときに、もう、断られるとか、応えてもらえない、というところまでをどこかで予期しているのではないか。もっと言えば、ひと悶着起きる、というところまで。そもそも、受け入れるのが無理そうなことばかり言ってくるのですって。つまり、願いとか要求というのは、それが実現するとか叶えてもらえるということを期待しながら言うのが普通ですよね。けれども、その子は自分が要求する時の予期の中に、断られるだろうとか、受けてもらえないだろうということを含み込みながら言っている。だから、たまにすんなり自分の要求が受け入れられるとびっくりするのではないか……そんなことを昨日、皆で話していました。

このあたりのことは、乳幼児期に養育者といわゆる愛着（アタッチメント）関係を築く中で培われるものです。世界や他者を信頼して、自分を好きになって、自分が頑張ればいいことが起きるんだという、そういう信念に関わる領域ですね。そういったものがないと、なかなかこの世の中で生きていきづらいわけですが、そういう根本的な感覚や信念自体が損なわれていると考えられている子は結構いますよね。

そういう世界にこの子たちはいる。もっと言えば、それとは逆の感覚を身に付けてしまっている。つまり、自分がいる場所は不安定で怖い所なんだ、いつ何があるか分からないんだ、という感覚だったり、自分は必要なものを望んではいけないんだとか、自分は望んだものをかなえてもらうに値しないんだという感覚だったり。そうすると、人とうまく生きていくための言動をなかなか取れないですね。その現れが、われわれにとっての「困った行動」や「症状」なわけです。

そういう信念にかかわる領域や、言動として表れる領域もそうなんですけど、最近では、脳神経回路や副腎皮質、視床下部、脳下垂体、あるいは交感神経・副交感神経など、神経・生理学的な所でも深く隠れたダメージを負っていて、体温や心拍数など体内の状態を一定に保つような領域にも深く影響がある、ということも言われています。

そんなふうに、基本的なところが身に付けられていない、そういう世界を生きている子たちが、虐待を受けた子どもたちであるといえるわけです。そういった基本的な部分の問題は、いわゆるトラウマ以上に大きく厄介なことです。「外傷的な体験」が実際に大きなダメージとなって長く影響を及ぼし続けるかどうかも、このあたりの感覚が大きく関与しているとも言われています。

3　毎日の生活の地道な繰り返しによってのみ培われるもの

(1) 大切かつ難しいのは、維持すること

ですから、こういう子たちにとっての治療というのは、その感覚とか信念を体を通してつかんでもらうことにほかならないわけです。これは本来、乳幼児期、もっと遡れば胎生期からの課題

ですよね。体を通してつかんでもらうということですから。あなたが大事だよとか、ここは安全なんだよといくら言っても、この子たちにとってはピンとこないわけで、実際に安全な生活や大事にされる体験を通してつかんでもらうほかない。毎日の丁寧な生活の繰り返しを地道に維持することを通して培うしかない課題だろうと思います。ただ、それは結構難しいです。生活というものの一番の難しさは維持することだろうと思うのです。一定水準の生活や良い関わりを、瞬間的に、あるいは一定の短い期間やるのはさほど難しいことではないかもしれません。お客さんが来たときなどのように。けれど、それを維持することは難しい。そういった地道な繰り返しによって培われるものというのは、結局、「人は大事で、自分は大事で、この世の中で何とかうまくやっていきたい」という、そういったつながりの感覚にほかなりません。これは本当に根気仕事で、時間がかかるし手間もかかることです。

(2) つながりを壊すこと――深く人を損なうもの

けれども、壊すのは意外と簡単かもしれないです。そして、人とのつながりや、自分と他者の尊厳を壊すような働きかけは、深い部分で人を損なってしまう。一つの例として、スタンリー・キューブリック監督の『フルメタル・ジャケット』という1987年の映画があるんですけど、ご覧になった方いらっしゃいます？　ベトナム戦争を描いた映画ですが、前半部分は海兵隊の新しく兵隊になった人の訓練です。その訓練の中で、卑わいな言葉とか粗野な言葉、乱暴な言葉を日がな一日、新兵に言わせるんですね。相手を人間と思わないような、私が昼日中、こういう所で言うには聞くに堪えないような暴力的で粗雑な言葉を絶えず口にさせる。人間って、相手を自分と同じ人間と思うとなかなか攻撃できないものでしょうけど、人間を人間と思わないような、そういう訓練をまず受ける。(5)

これは、中井久夫先生という精神科の先生がおっしゃっていた、ということの又聞きなんですが、他の本でも同じような話を聞いたことがあるので、細かな数字はともかく、概要としては間違いないと思うのでお話しします。ある時期まで、戦時中において人と人とが向き合って実際に発砲できる率というのは、実は1割半に満たなかったそうです。どういうふうに調べたのか分かりませんけれど、そのくらい人間というのは、面と向かって殺し合うのは実はなかなかできないものなのだということです。(6)

しかし、それに気付いたアメリカの軍首脳部が、相手をより効率的に射撃できるようにするための訓練をさせる。それが映画に描かれていた訓練かもしれませんけれど、とにかく相手を人間と思わないような卑わいな言葉、粗雑な言葉、それを絶えず起きている間ずっと言わせる。映画の中では海兵隊の訓練を受けた人の中には、次第にそのストレスに耐えきれなくて自殺してしまう人も出てくる。そのくらい、人が人の尊厳を壊すというのは苦しいことだと思うのです。

それから別の例で、スタンフォード大学で1971年に「監獄実験」というものが行なわれたのですね。新聞広告で被験者をランダムに募集して、それからメンタルチェックもして、最初から疾患や異常性がないことをチェックした上で、実験的に、大学の構内に牢獄に見立てた場所を造って、そこで被験者を看守役と囚人役とに分けて2週間暮らさせる。ルールとして、囚人は自分の名前を呼ばれない。名前を呼ばれず番号で呼ばれる。それから、看守役の命令には絶対服従する。ご飯を残しちゃいけない……とか、要するに、相手と自分は違うものだと徹底させる。そういったルールがあって、その中でどんなことが起きるかという実験です(7)(8)。

その結果、2週間の実験予定だったのが、最初の3日目くらいでもう精神に異常をきたす人とか、混乱する人が出てきてしまった。看守役はどんどん粗暴になっていき、囚人役は闘争心や反抗心を失ってげんなりしていく。それで、実験は5日目か6日目くらいで中止になったという話です。人工的につくられた、人と人とのつながりを分断する状況の中で、人は普段とは違った性向を示すようになり、時には精神に異常をきたしてしまう。そういう結果となったようなのです。

こういった実験や映画からの連想ですが、これまで出会った子どもたちの中に、親の命令で弟がお兄ちゃんのことを殴るとか、妹がお兄ちゃんのことをサランラップの芯でたたくとか、そういう生育歴を持つ子がいました。この場合、どちらのほうがより深く人間として損なわれてしまうんだろうか。もちろん、なかなか答えの出ないことです。殴られる側のきょうだいもずいぶん尊厳を傷つけられる。屈辱を味わうし、大事な何かを壊されてしまうのでしょう。けれど、やらされているほうも、より深く傷つき、損なわれているかもしれないですね。

4 「治療的なこと」とは「生活的なこと」、「育てること」

そんなことを考えていくと、この子たちを治療するということと、この子たちを育てるというのはだいたい同じことで、私たちが出会う子どもにとっての「治療的なこと」というのは、最も「生活的なこと」だと考えられるわけです。人工的な設定によって簡単に壊れてしまうような、そういう尊厳の部分をつくるのは、地道で地味な生活的なことの繰り返し以外にはない。それが治療になるのだろうと思います。ただ、「豊かな暮らし」を目指している施設においては「治療」という言葉を持ち込むことが好まれない場合もありますけれど。子どもを対象化するまなざしが感じられる、ということで。

でも、専門的な治療機関でもこの基本原理は変わらないようですよ。子どものレジデンシャルケアをやっている機関というのは、業種や専門度の違いにかかわらず、この「育てる」という意識をどうも持つもの……というか持ってしまうもの、のようですね。児童自立支援施設や少年院なんかもそうでしょうし、それから、子どもの入院機関も「育てる」という意識を持つようです。しばらく前、ある学会があって、私もひょんなことからそれに参加したのですが、そこで神奈川県立こども医療センターの先生が発表なさっていました。発表の冒頭で先生がおっしゃっていたのは、「自分たちがやっているのは基本的には子育てだと思う」ということでした。そして、入院治療でできることは、子どもを損なう要因を減らし、得られなかったものを与えること。そうする中で、もともとあったものが出てきて、それを育てる。そして、それを子どもとともに喜ぶのだ、と。これに加えて標準化された治療や薬物療法も行なうけれども、基本はこういったことになるとのことです。われわれ児童養護に携わる者が出会う子どもより症状が激しくて、入院治療が必要になるような子どもに対しても、「基本的には子育てなんだ」と専門機関の先生がきっぱりおっしゃっていて、やはり原理的には同じなのだとあらためて思いました。

施設に入ることの意味には、消極的な意味と積極的な意味があると言えるでしょう。消極的な意味とは、自分にストレスを与え続ける環境からとにかく離れるということですけれど、もっと積極的な意味としては、新たな文化に身を浸すことがあります。殴られたり怒鳴られたり、放っておかれたり無視されたり、そういう文化とは違った文化に身を浸し、かつそれが維持されるということです。そう考えると、施設における心理治療というものは、心理職の専売特許ではなくて、それどころかむしろ、生活の直接的なお世話に当たる大人たちが実際の治療の担い手であると言えると思います。そうすると、「心理療法担当職員」という名前で導入されたはずの心理職はなんなのだということになってしまいますけれど、でも、そうですよね。

5 「生活が治療的となる」ための心理職の役割

心理職の役割に関して少し触れると、一つは生活の中で自然発生的に生じる、無意識的でさりげない、けれども意味のある行動や関わり、あるいは毎日接していると逆に気づかないような変化を発見して価値づけることだろうと思います。もちろんこれも心理職の専売特許ではなくて、どの職種も独自にそれぞれやっていることだろうとは思います。けれど、心理職は心理職で見方の癖みたいなものがありますから、その癖が逆に、こんな視点もあるのか、ということになるかもしれないということですね。

例えば、家ではおねしょをすると殴られていた子に対して、ある職員が淡々と服とシーツを替えている。その直接処遇の方は特に意識せずに、ごく普通にやっていたのかもしれないですけれど、それがその子にとってはすごい意味を持つということがあります。夜眠る時の安心感を保障されること、ただでさえ恥ずかしい自分の失敗を受け止めてもらえること。でも、これがどんなに大きな意味を持つことか、誰かが価値づけないと、ひょっとすると根気が続かなかったりいつの間にか沙汰止みになって叱るようになったりするかもしれないですよね。そういった、意味づけや価値づけです。まあ、心理職に限らずでしょうけれど、そういう意味ある場面を発見したり、さりげない行為の意味づけや価値づけをおもに心理学的観点でするのが心理職の役割の一つかなと思います。個別的な心理面接にも大事な意味があると思ってはいますが、ここでは割愛します。

Ⅲ　「生活が治療的になる」ために

先ほどより申し上げている通り、基本的には毎日の生活のケアの体験そのものが治療になる。

そして、そこに携わる直接処遇の人たちが実際の治療の担い手と言えるわけですけれど、では、生活が治療的になるためには具体的にはどんなことが必要で、どんなことに気をつけていけばいいのか、ということを考えていきたいと思います。

これはいろんな局面があって、以下は病棟での研修で教わったことをもとに[9]思いつくまま挙げました。

1　入所という局面の重要性

(1) 子どもにとって施設入所とはどんな体験だろうか

まず入所に当たって、その子がどんな体験をしているのかに思いをはせることがすべての基本になるだろうと思います。子どもにとって施設入所はどういう体験になるのか。まず第一に言えることは、理不尽で理解不能な別れという側面が基本的にあるだろうということです。特に乳児院から措置変更でやって来るような子の場合にそういうことが言えると思います。よく分からないけど、慣れ親しんだあの場所から離れなければならない、大好きだった人と別れなければならない。大人は自分に何やら一所懸命説明をしてくれたり、新しい施設に連れて行ったりしてくれたけど、なんで住む場所が変わらなきゃならないのか、あの人と別れなければならないのか、実のところは分からない。子どもにとってはそういう体験だろうと思います。

それから、一応理解はできるけれども、やはり納得はしきれない「諦め」という側面があると思います。これは主に一時保護所を経ての入所の場合です。最近では、施設に行くかおうちに残るか、ワーカーさんも聞いてくださいます。措置とはいっても子どもの意向を聞くということをずいぶんやってくださっています。それで、もう家にはいられない、施設に入りたいというふうに選んだ格好になっていることも、最近はそれなりにありますね。けれども、そういうプロセスを経て、選んだことになっている場合もあるけれど、ほかに選びようがないから選んでいるというところがやはりあります。

それで、ほとんどに見られる心情としては、不安がありますよね。世間的な基準からすれば多少いびつでも、あるいは殴られても、またご飯は三度三度出てこなくても、慣れ親しんでいた場所や人と離れて生活するわけですから。一体自分はここで何をしたらいいんだろうか、何をすると良いとされるのだろうか、どうやっていけばいいのかという不安がある。

また、一度入ると生活スタイルの変更を余儀なくされる、ということがあります。それぞれの子どもにはそれぞれの家庭の中で身に付けてきた文化がありますよね。施設の文化に適応していくというのは、例えてみれば異文化間闘争という側面があると思うのです。これが結構大変なことは、まあ、結婚生活を営まれている方は分かるのではないでしょうか。それぞれ似たような階層の、似たような経済事情の、似たような学歴の人たち同士が好き合って結婚しても、結構これは難しいわけですよね。ましてや、ずいぶん感覚の違う所にやむを得ず移って来て、そこで適応していくのは。だから、異文化間闘争に喩えられると思うのですが、これは子どもにとってはおおよそ敗北を要求されるわけですよね。「ここでのやり方に合わせろ」って。そうしないと施設の中ではなかなか生きていけないところがありますから。そういうふうに文化的に移行していったほうがやがては暮らしやすくなったり、生きやすくなったりするわけですけれども、お風呂の習慣とか、ご飯で何を食べる・食べないとか、またその作法とか、そういうちょっとした部分の蓄積、つまり文化として根付いてきたことを移行させなければならない大変さがあります。

まあしかし、上に述べたようなことはさまざまあったとしても、少しは希望や期待もないわけではないかもしれない。それが子どもにとっての施設入所だろうと思います。

（2）生まれ出てきた状況との近似性を意識しながら

いずれにせよ、好き好んで来たわけではないというところはどうしてもあるだろうと思います。生きる場所と相手は選べない。もっとも、施設に入る子どもだけではなくて、子どもというのはそもそもそういう存在、「子どもである」とはそういうことであるのかもしれないですけれど……。

ともかく、そういうふうに選びようもなく、余儀なくされた受け身的事態、この理不尽感に対してどのようなケアをするか、どんな話をするか、またそのための下準備が一つの治療になるのだと思います。これはある意味、赤ちゃんが生まれ出てきた状況と似ているようにも思うのですね。必ずしも自分が望んで選び取った状況ではない、そういう意味では受け身的な事態なわけです。でも、その受け身的に与えられた事態をどう能動的に、主体的に引き受けられるようになるか。そういう普遍的な、人生全体の課題にも通じる場面だろうと思うのです。

(3) それまでの歴史に思いを馳せて準備すること

具体的にどんなことをするか。私たちがやっているのは、児童記録票の読み合わせです。それを基に職員で「どんな子だろうか」「こんな子かねぇ」という話をしたり、それから、これは必ずしも入所前にできるとは限らないですけれども、以前いた機関を訪問したり。例えば乳児院だったらその乳児院に行って、その乳児院で実際にお世話していた先生のお話を聞くとか、一時保護所からくる場合は一時保護所の職員に会って話を聞くとか、措置変更だったら措置変更前の機関に話を聞きに行くとか。

それから、その子が大事にしていたものを把握して入所の時に持って来てもらう。また、入所する日はその子の好きな食べ物、おやつとか夕食で迎える。それから、入所してからは日用品を一緒にそろえるとかですね。要するに、そんなふうにその子に対してあれこれ思いを馳せて、準備をするということです。ある施設では、新しく子どもが入ってくるという情報が得られると、陶芸の好きな職員がその子用の茶わんを焼くんだとおっしゃっていました。それで、その茶わんでその子を迎えるということです。

（4）子どもを迎える日にどう出会うか

当日の面接も大事ですね。施設ごとにやり方はさまざまかもしれませんけれど、大事だと思います。自分が入職したばかりの頃、施設長が、ある子どもの入所面接をするのに同席するようにと言って、入れていただいたことがあるのですが、その子は、中学校に入って間もない頃、養育者が不在がちな中、近所の悪い仲間たちとバイクを乗り回して、ひったくりみたいなことをして、その流れで人にけがを負わせてしまったという子でした。でもその子は気が弱くて、むしろ優しくおとなしい感じの子で、仲間に引きずられてやったのであって、非行性は高くないという判断で児童養護施設に来たわけです。

それで、入所した日に施設長が園長室で、「君さ、そうやってバイクをがんがん乗り回すのは自分の性に合ってると思う？」と聞いたんですね。「もしそういう方面が性に合っていて、一旗揚げてやろう、これが自分の生きる道だ、というのだったら、それはそれでいいけど、君はどう思うの？」と聞いたら、その子はちょっとしゅんとして、自分には合ってないと思うと言いました。「だったらここで面倒見るから、護ってあげるから、ここで暮らしなよ」というような、そういう面接をなさったんですね。その面接に同席させていただいて、その子の体がふわぁっとほぐれていくのがすごく感じられて、〝ここでやっていこう〟という感じが、えも言われぬ雰囲気から見て取れたのです。どういう経緯の子で、入ってきたときにどんな言葉を掛けるか、どういう面接をするかというのがすごく大きいな、と思った瞬間でした。

（5）子どもと大人の時間感覚の違い

それにしても、子どもが施設に入るというのは、何年やっていてもなかなか計り知れないなと思います。最近、ある小学生と面接をしたのです。私は、入所当日はただでさえいろいろな大人が囲んでいるので、一緒に加わらないことが多いのですけど、ひと月ばかり経った頃に、「どう？　ここでの生活には慣れた？」とか話を聞かせてもらうことにしています。それで、ある小学生と話をした時に、「赤ちゃんから今までで いつが一番大変だったかな？」と聞いたら、小学校1年生の時だったと言うんですね。それで、「1年の時にどんなことが大変だったの？」とか、「その大変だった中、誰が支えてくれたんだろう」とか、そんな話をしていたわけです。そして、その流れで、これからここで暮らしていくのに、どんなことを感じながら今いるのかな、いつぐらいまでこの施設で暮らしているイメージを持っているのかな、と聞いたら、9歳までと言うのです。要するに、半年ほど先。

こちらとしては、少なくとも中学校を卒業するまで、もっと現実的に言えば高校卒業するまでを視野に入れているのですけれど、子どものタイムスパンというのは、そうじゃないのですね。その子も小学校低学年ながら、もうおうちにはいられない、施設に行くと決めて入ってきたのですけれど、生活が安定してくると、おうちに帰りたい、もうおうちが帰れる状態になっているはずだと思ってしまう。それで、9歳になる頃には帰りたいと言う。「早く帰りたい」という願望の表れという面ももちろんあるのでしょうが、でも確かに、このくらいの年の子にしてみれば、中学校を卒業するまでというのは、ほとんど大人になるまでと一緒かもしれないとも思って。タイムスパンがずいぶん違うんだな、とあらためて思いました。

(6) あくまで個別的な体験として

それから、昨今児童養護施設といえば被虐待児が入るというイメージがあって、それは否めないところではありますけれど、まれに、ある程度裕福な環境の中にいて、近親者が次々と亡くなって入所するというケースもあります。そういうケースを経験して、被虐待児とはまた違った感覚の中で施設に入ってくるのだな、と思ったことがあります。先日あるカンファレンスをしていてスーパーバイザーの先生がおっしゃっていたのですけれど、ある程度の裕福な生活をしていて、ばたばた近親者が亡くなってしまうということになると、そういった事態は、自分にとっては全然あずかり知らぬわけです。虐待を受けてきた子は、施設の生活が一方では不満だらけなんだけれど、一方ではどこかまだ家よりましだと思っている節もある。でも、こういう子たちにとっては、施設入所は本当に何か落後していくような、すごく落ちてしまったような感じを持つんじゃないか。

子どもによって、入ってくるときの感覚は違うのだろうなと思わされた例ですけれども、そういった個々の事情に即して話をすること、あるいはそれ以前に、そこをおもんぱかるということが必要だと思います。それ自体が一つの治療になるのだろうと思うのです。

2　毎日の生活の中で

入所して実際の生活が始まってみて、それがどんな意味を持つかですけれど、これも思い付くままに挙げてみました。私は、生活の端々にその子の人となりや価値観、世界観を知るきっかけ、そして治療的な契機があると思っています。ただし、速効性のないものばかりですけれども。

(1)　生活の枠

まず、生活の枠というものがあるだろうと思います。枠というのは、いわば予測可能性ですね。だいたい1日はこんなふうに流れていくんだという見通しがあること。あと、しかるべき制限があること。これはやっちゃいけないことだよとか、ここまでやるとまずいんだよとか。これをめぐっては、絶えざる闘争というか、対決がありますね。特に中高生。大人として、施設として、譲っていい事柄と譲っちゃいけない事柄とがあると思います。それぞれの決まり事に、どういう意味や必然性があるのか、大人としての見識や柔軟性が問われますね。「この子には、特にこれは譲っちゃいけない」というふうに、いわゆる見立てが問われる。そういう生活の枠というものがまずは大事なものだろうと思います。

（2）建物・空間の扱い

それから、居住空間のたたずまい。建物を大事に使っているかとか、壊れたあとどうするかとか。建物をどういうふうに使うか、掃除や草取りなど誰がどう手を掛けているか。ちょっとした季節の花なんかが窓辺にあるかとか……そういったことが自分たちの暮らしに与える影響はすごく大きいだろうと思います。

以前、子どもが穴を空けたあとの壁が殺風景にそのままになってることについて、子どもに忘れさせないためといって、そのまま直さずにいるようなこともあると聞きました。でも、やはり、ひとたび穴が開いたまま放っておかれると、ますます穴って開くものだと思います。

また、これも以前お聞きした話ですけれど、施設内でいろいろ性的な事故が発生しますよね。それで昨今、各施設で性教育プログラムを外国の情報を取り入れながら開発しています。その中で、あるプログラムが功を奏したということで、ある施設の方が全国から声がかかるようになってあちこちで講演して回っている。そんなふうに行脚のように講師をしていらっしゃる方からお聞きしたのですけれど、その方は、いろいろな施設に呼ばれて行くうちに、建物がきれいに使われているか、大事に使われているか、そういうところを注意深く見るようになった、というようなことをおっしゃっていました。

性教育プログラムというのは、バウンダリーの問題とか、良いタッチ・悪いタッチとか、プライベートゾーンとか、日頃使わない言葉を使ってあれこれやることが多いですけれど、最終的に子どもに伝えたいことは、「あなたは大事な存在で、簡単に人から自分の大事な領域を侵されてはいけないものなんだ」ということです。そして、「あなた自身も、人のことを大事にしてほしい」と。そういうことが中核的なメッセージになります。そうですよね？　そのことを伝えるのに、その人を包む建物というのが大事に使われているか否かも大きく影響する。足を踏み入れた時点で殺風景な施設というのは、いくらプログラムをやってもやっぱり定着が悪い。そんなふうなことをおっしゃっていました。私たちの施設でも、窓辺に小さな花を置いてくださるのは、掃除や調理補助のおばさんたちで、そういう小さな心づかいと手間に施設の殺風景さがずいぶん救われていると思います。

(3) 秘密の問題、秘密の扱い

それから、秘密の問題。例えば、自分が施設で暮らしているという事実を誰にどこまでどう話すか、あるいは話さないか。子どもにとってはこういうことも大事だろうと思います。ある事実、秘密をどれだけ話して大丈夫なのか、この人に話しても大丈夫なのか、などです。それはつまり、自分というものをどういうふうに人と分かち合えるか、ということに通じる問題です。のべつまくなしに宣伝するようではちょっと考えものですが、かといってまったくすべての人に対して閉ざしているというのも不自然でぎこちないですね。どう自分を分かち合えるかということは、人を適切に信じる力も問われるわけです。

そのためには、「自分」という大事な領域の感覚がそもそもなくてはならないわけで、精神科領域の指導者的立場にあった土居健郎という先生が、秘密という観点は、精神の健康を考える上で非常に重要だとおっしゃっていました[10]。考えてみれば、自分の考えていることが他人に筒抜けになってしまっているというのはすごく怖いことですよね。統合失調症の方の、ある一時期の経験にはそういうものがあります。自分の考えていることがどんどん人に伝わってしまっているとか、あるいは逆に人の考えていることが自分に入ってきてしまうとか。だから、自分には人に知られない秘密があるということは大事だと思います。

施設の中に死角をつくってはいけないということはよく言われますよね。性的な事故などが起きたときに特にそれが言われて、再発防止策などで必ず盛り込まれます。それを否定するわけではは全然ないのですけれども、一方で、大人の目の届かない領域、人には知られない自分だけの時間、秘密の時間と場所を持つということは、大事ではないかと思うのです。これは本当に兼ね合いの問題でして、だから死角があってもいいとか、死角を作ろうとかいうことではないのです。けれど、実際、私たちが自分自身はどんなときに落ち着くか考えたときに、やはり人には知られない時間を持つことは大事ではないでしょうか。それによってそれぞれずいぶん日常の中で救われているのではないか、という気がするんですね。なので事故が起こらないために死角をなくす一方で、その人だけの時間、１人になれる時間をどうつくってあげられるかというのも考えどころだと思います。

（4）多角的な人間関係の体験

子どもたちの生活を考える上では人間関係が大きな軸になります。多角的な人間関係ですね。いろいろな人間関係があると思いますけど、やはり職員との関係が重要で、なかでも担当の職員との関係がもっとも重要だとは思います。でも、担当者以外の方々との関わりもすごく大きいですね。

私たちの施設には、児童福祉の勉強や訓練をなさってない地域のおばさんたちが調理補助の職員として出入りしていて、そういう方たちが子どもたちとのかかわりをすごく彩り豊かにしてくださっていると思います。例えば、その方たちがお料理したり洗濯物を畳んだりしている傍らで、とりとめもない話を子どもがずーっとしているとか。それによってその子がどう落ち着き、どのくらい適応が良くなったかとか、そういう意味でのエビデンスはないです。でも、いわゆる専門的な訓練を受けた人ばかりではない、そういう人が出入りして、そういう人たちに対して担当者に対するのとは違う感覚で子どもがしゃべったり、付き合ったり、そういうことが非常に重要ではないかな、と思います。

人間関係の中にはもちろん子ども同士の関係もありますね。ほかの子どもの様子を見て、子どもがわが身を振り返ることもあります。子どもと保護者が外出して、帰ってきて別れ際に子どもが泣いている。それを見ていた先輩の子どもが、ああ、俺ももっと小さかった頃ああだったよなとか、ああいう時こんな気持ちだったなとか、ぽろっと職員に言ったりする。

このほかにも子ども集団と大人の関係などもあります。でも、結局、大人同士の関係が何より治療的なのかもしれないと思います。子どもは大人同士の関係をよく見ていますね。それで、人は協力し合えるんだとか、ちょっといがみ合っているようだけど、どうやら仲直りしたようだとか、何か目標に向かってやっているようだとか、一所懸命やっているようだとか、そういうことを感じるのではないでしょうか。ある施設から措置変更されてきた子が、「ここの大人たちはなんか楽しそうにしてるよね」って言ってくれたことがあるんですけど、それは施設の職員にとって一番のありがたい言葉のように思います。それは、自分たちが大人になったときに、大人同士で仲良くやっていくことができるのだという、そういう肯定的な将来への具体的な展望にもなり得るわけです。人と人はこんなふうに仲良くやれるものなんだということを示すことが、大切な治療的な意味を持つと思います。いがみ合い、傷つけあうような関係ばかり見て来た子たちですから。もちろん、毎日の生活を成り立たせるために、大人だってその時々で面倒な案件を真剣にやりくりしているんだ、という姿を見ることも子どもの生活感覚の育ちにとっては必要だと思います。「お茶飲んでおしゃべりしてるだけでしょ」とまで言われると、それはちょっとなぁ…と思いますけれど、「鼓腹撃壌」的な平和な統治感覚が基盤にあることがやはり大事だと思いますね。

（5）食と食卓について

あと、食は重要です。食については散々言い尽くされているかもしれませんけど、滝川一廣先生が書かれたものがとても示唆的です。滝川先生は精神科医で、児童福祉領域や社会的養護についてもたくさん論文やご発言がおありですけれど、一番最初に書かれた論文は摂食障害に関するものでした[11]。その論文は、もう40年くらい前の論文ですが、最近読んでも全く古びない、重要なことが多く書かれているものだと思います。ぜひご一読いただきたいです。

摂食障害は、食物を食べることの障害で、どんどん痩せていっているのにご飯を食べないとか、大量に食べては吐いてしまうことを繰り返すとか、現象的にはそういう障害ですけれど、その論文の核は、患者は必ずしも「食物」や「食べること」自体を拒否してるわけではないというところにあるのです。つまり、あるものは食べられるし、あるものは食べられないとか、ある場所では食べられるけど、ある場所では食べられないということが往々にして見られる。この患者たちが拒否している…というか、うまく受け入れられないのは、家族との三度三度の食事、「食卓」という状況なのではないか。そういう観察なのですね。

食卓というものが表しているものは何か。これは家族全体、そこで暮らしている人の関係性全体ではないか。食卓状況が表象する、その家族の関係性をうまく受け入れられないことが、食べることの障害につながっているのではないかという考察です。当時、摂食障害の背景としては、成熟拒否や女性性の拒否など難しい要因が議論されていたのですけれども、シンプルにそういった観点を出されたわけです。「食卓」とは何かが考察されているので、社会的養護の中での食卓を考える上でもとても意味を持つと思います。

この食卓という場は、当たり前のことがごく当たり前になされていると気付かないですけれど、その当たり前のことがなされていないと、妙に気になるものです。例えば、自分のところだけお茶わんと箸が用意されていないとか、コップが用意されてないとか、途端にムッとしますよね。当たり前のことが当たり前になされると素通りしてしまうけれども、ひとたび剝脱されるとその大事さがすごく分かる。そういうものだろうと思います。

(6) 物、お金、時間への姿勢——その背後にあるもの

それから物の扱い。自分に与えられた物を大事にできるか、大事にしているかどうか。自分の物を大切にすることができるかどうかは、大事な観点だと思います。子どもの虹情報研修センターの顧問をなさっていた四方燿子先生が、あるカンファレンスで、「物を大事にできるっていうのは結構高級なことなんや」っておっしゃっていました。その時にはよく分からなかったのですが、今思うに、自分の物を大事にできるためには、「他ならぬこのタイミングで、こういう思いを込めて与えられた」という経験が必要なのではないかな、と。そういう経験がなくて、単に物質としてだけ与えられていると、なかなか物を大事にできない。同じような意味で、お金への姿勢もそうですね。単なる金銭なのか、思いのこもったものとして受け取れるのか。

時間への姿勢、態度もそうですね。時間や約束を守ることの意味をどれだけ深く感じ取れているかは、人との関係性の深まりや根付きを表すように思います。時間や約束というものは、その背後にある人や人の思いを感じるからこそ守るわけです。私も今日ここに時間どおり参りましたけれど、それは単に言われたからではなくて、私がここで話をするという場、機会を与えてくださった先生方の思いとか、会場に集まって待っておられる方がいるとか、そういうものを「約束」の背後に感じるからですね。だから遅れちゃいけないと思って一所懸命来るわけです。約束というものは、1カ月前にしたものでも半年前にしたものでも、時間を超えて意味を持つんだと か、重みを持つんだという感覚があって初めて成り立つと思うのですが、子どもたちを見ていると、ぺらぺらっとその場限りで言って、あとは守らないということがしばしば見られるような気がします。時間を超えて重みを持つという感覚も、人とのつながりを基盤においているのだと思います。まあ、文化的要因や個人差も大きいかもしれませんけれど。

(7) 身繕い・お風呂、部屋という宇宙

身繕いやお風呂。これも単に習慣とか清潔とかいう以上に、自分をどれだけ大事にできるか、大事な自分というのを人の前に提示したいかということにかかわってくるものかなと思います。

それからお部屋。今、どの施設もわりと個室化が進んでいますけれど、そのお部屋をどんなふうにレイアウトしているか、どんなふうに物を並べているかというのに、その子の個性がすごく

表れるように思います。的場由木さんという、東京の山谷などで生活困窮者の支援をなさっている方がいます。その方は、知的に問題があって、犯罪も犯してしまって、生活困難に陥ってしまった方が多数いるような街で生活支援をなさっておられるのですが、その支援施設においても、部屋それぞれにそれぞれの方の宇宙がある、というようなことをおっしゃっていました。[12] これは、子どもの部屋についても言えることだろうと思いますね。入り口のすぐ近くにバリケードのように箪笥を置いたりしているような子を見るとそう思います。

(8) 夜眠り、朝目覚める時間に表れるもの

夜眠る時間、寝ている時間、朝起きる時間。それらをどんなふうに迎えているか、過ごすことができるかというのは、こころの安定とつながっていると思います。夜眠る時間の迎え方は、明日が来るということをどんなふうに感じているかによってずいぶん変わりますよね。明日が不安で、何かいいことがあると思えないと、なかなか安らかな眠りにつけないものです。夜というのは、だんだん静かになっていって、周りの子たちの声も聞こえなくなって、何かひっそりと自分に向き合わなきゃならないような、そういう時間帯でもあります。そういった時間に耐えられるかどうか。だから、夜、安らかに眠りにつけることをお手伝いするというのはとても大事なことなのだろうと思います。

また、寝ている時に伸び伸びと体を伸ばしているのか、すごく縮こまっているのか。昔、身体

的な虐待を受けてきて、頭に数針縫う怪我を2、3回した揚げ句に入所してきた子がいたのですけれど、その子は夜寝ていると、だんだんうつ伏せになってダンゴムシみたいに丸まってしまうんです。毎日のふとんの上でのみならず、キャンプ中、寝袋で寝ていても丸まってしまう。ある先生は、日中満ち足りた子は、寝顔も真ん丸でお月さまのようだとおっしゃっていました。寝顔とか、どんな姿勢で寝ているかにも、安心感や充足感は表れるようですね。

それから、朝起きる時間ですね。これは1日をどんなふうな気分で迎えるか、今日という日に何か楽しみを持てる期待や展望があるかが関わってきますよね。ごく普通のサラリーマンだってそうで、休み明けというのは非常に嫌なものですよね。村上春樹の翻訳書に『月曜日は最悪だとみんなは言うけれど』というのがあって、もともとはブルースの歌詞の一節だそうですけれど、歌詞になるくらいだから、月曜日の朝、一週間が始まるということは一般的に言っても気が重いものなのでしょう。だとすれば、日中なかなか人とうまくやっていけず、学校でもいい成績を取れず、人から認められもしない、そんな経験ばかりしてる子にとっては、朝を迎えるのは非常に重たいことだろうと思います。「さあ、起きるぞ」という理由がなかなか見つけられないと、朝起きるのは大変ですよね。

(9) 学習は何とつながっているか

それから学習の問題。これは、前半に申し上げました、大人が差し向けてくるものを子どもが「いいもの」として受け取れるかどうかにも深くつながっているのだろうと思います。小学校2、3年くらいまでの学習は、将来役に立つからやるとか、役に立たなさそうだからやらないとか、そういうことはあまり関係ないですよね。大人が「とにかくこれはいいものだ」と言うからやる、というものでしょう？　できるとうれしいとか、自信になるとか、そういうものである以上に、文化の共有や世界とのつながりを作っていく、そういう側面があるだろうと思います。

この間、ある小学生男子とおままごとをしたのですけれど、すごく不思議なことがありました。私がお客さん役で、その子がお店屋さん役。で、ある人形が98円だと言うので、私はおもちゃの100円玉を渡した。そうするとお釣りは2円ですよね？　けれどその子は、98＋100とやったのです。それで198円。それをカード払いですることになった。「カードで払うと30円安くなります」というのでカードを出すと、それはマイナス30とできるんですね。で、168円。それで、お釣りは「168に近いのは……」と言って、200。200円のお釣りをくれた。

これ、皆さん、何が起こったか分かります？　私はいまだに謎が解けないです。学校での純粋な数字の計算や操作はそれなりにできます。だけど、こういうおままごととか、文章題になると途端に困惑して変になってしまう。よく施設で暮らす子について言われる、お買い物経験の少なさなんかもあるでしょうけれど、それだけでは説明がつかない。その子は乳幼児期ネグレクト環境にあった子で、広汎性発達障碍、ADHDとも言われていましたが、貨幣という抽象化された価値による等価交換といった、人類が歴史の中で培ってきた約束ごとが自然には入ってこないようなのです。まあ確かに、こんな小さな円形の物質が、この大きくて魅力的なお人形より価値が上で、しかも交換できるだなんて、あらためて考えると不思議ではありますよね。逆に、なんで私たちはそんなことを疑いもなくできてしまうのか、という疑問だって成り立ちます。まあ、それはともかく、学習、学ぶということは、単に知的な能力を培うだけのものではなくて、文化とつながっていくことですね。

(10) やり取りの感じ、歩く時の感じ、排泄

もののやり取りも興味深い瞬間です。ある時、ある子どもと人生ゲームをやっていたのですけれど、「どうぞ」と差し出したお金をパッとひったくるように持っていったのですね。普通、お金などを受け渡しする時には、「どうぞ」って渡したものは、「ありがとう」って、渡した人と受け取る人の間で「間（ま）」の調節のようなものが働くと思うんですけど、そういうものがまったくなくて、ぷいっとひったくる。悪意があってやったわけではなくて、そういうふうな間が本当に分からずにやっているような感じだったのです。間（ま）の調節とか呼 - 応する感覚は、授乳やクーイング、バブリングをめぐるやりとりといった、乳幼児期のやりとりに起源をもつ、深い身体性に根差したものだと思います。ですから、人生ゲームでのこういう場面も、この子の体験してきた世界が垣間見えるような気がするのです。

それから、一緒に歩くとき、どんな感じになるか。子どもの通院に付き合うことがあるのです

けど、一緒に歩いているという感じが持てなくて、すーっと幽霊のように歩いていく子もいれば、なんとなく護ってもらうようにして歩く子もいる。一緒に歩くときの感じで、その子が人とどういう関係をもつのかが感じられるときもありますね。

それから、排泄ということと。これは本当に、その時々の安全感とか安心感と非常にかかわってくることだと思います。そうですよね？　安心して出せるのかどうか。

(11) 遊び

それから遊び。最近どうなんでしょう、皆さんの施設で子どもは隠れんぼして遊んでいます？昔、病棟で、ある子が隠れんぼをするようになると、「この子はずいぶん良くなってきたな」って看護師さんがよく言っていたのですね。隠れんぼは、ひとたび隠れたら見つけてもらえないんじゃないか、自分というものがなくなってしまうんじゃないか、という恐怖や不安をともないます。だから、隠れていることに耐えきれないで出てきちゃう子が結構いるんですよね。ちゃんと隠れて、見つけてもらえるまで待てる。それを信じられる。先ほどの秘密の問題ともかかわりますが、自分がここに隠れているという秘密をしっかり持って、見つけられないようにしながら、でも、見つけてもらえるまで信じて待つ。ただ、最近読んだ本の中に、虐待などの病理ではなくても、最近の子ども一般が隠れんぼに耐えきれなくなっているという話もありましたけれど。

このほか、子ども同士で即興のルールを作り出したり、妥協ができたり、楽しみを持てたりするか。隠れんぼに限らず、そういったことも遊びを見る際の一つの観点かなと思います。

3　退所に際して

退所に際してどんなふうに送り出すと治療的になるのか。これは、私どもの施設でもずいぶん手薄だと思っていますけれど、子どもの虹情報研修センターの増沢高先生が以前教えてくださったのは、退所が近くなった時に、「君はこの時期にこんなふうだったよな、こんなことしたよな」って、ぱらぱら記録をめくりながら一緒に施設での生活を振り返って、「今後こういうふうにやっていくんだぞ」などの話をする、ということです。そんなふうにしっかりと見送ることが大事なのだろうと思います。気持ちを強く持って踏み出せるために、職員個人としてもそうですけれど、施設として送り出す。ちょっとふざけて、「もう来るなよ」なんて言ったりもしますけど。でも、そのときの気持ちは、「いつでもおいで」ということです。言葉の上では正反対ですけれど、見送るときの心情はそういうものです。

あとは、「こういうときには連絡してきなよ」とか、「何月に連絡しておいで」とか、逆に「何月には連絡するから」とか、具体的なことを言うと、子どもたちもちょっと連絡しやすくなって、足を運びやすくなるように思います。ベース感覚のない子たちばかりですから、そういったことを積極的に保証する。どう保証するかが治療的になるかどうかにかかわるのだろうと思います。

Ⅳ　おわりに

生活の中の端々にアセスメントや治療的体験の契機がある……まあ、「治療的」なんて言葉は使いたくない方は使わなくて全然良いのですけれど……という話をして参りましたが、日常の中のささいな一コマが大事だということを考える上で、最後に児童文学者の清水眞砂子先生の書かれていたことをご紹介します。『ゲド戦記』という文学作品はご存じですか。アニメの映画のもありましたけど、清水先生はその原作を翻訳された方です。

その清水先生が短大の先生時代に、決まって学生さんたちにこういう質問を投げ掛けたそうなんですね。「子ども時代の大事な思い出は何か」、それを挙げてくださいと。そうすると、どこどこに連れて行ってもらったとか、何々を買ってもらったというようなことばかりが返ってきた。それで清水先生は、いや、でもこんなはずはない、子ども時代の大事な思い出というものが、どこかに連れて行ってもらったとか、何々を買ってもらったということだけで彩られているはずはないと思った。それで、友人に相談したそうなのです。

そうしたら、「そんな答えばかりが返ってくるのは聞き方が悪いんだ」と言われた。「何か買ってもらったとか、どこかに連れていってもらったとか、そういうことを除いて、子ども時代の大事な思い出は何か」と聞くべきなんだとアドバイスをもらったそうなんですね。それでまた再度、

「子ども時代の大事な思い出は何か。ただし、どこかに連れていってもらったとか、何かを買ってもらったとか、そういうことを除いて」というふうに学生さんたちに投げ掛けてみた。そうしましたところ、1つ1つが素敵なストーリーになるようなお話が返ってきたということなのです。

ある学生さんは、自分のおばあちゃんが入院して、おじいちゃんと一緒に見舞いに行くときに、その電車の中でおじいちゃんが、幼い自分のひざをとんとんとんと叩きながら、おばあちゃんの見舞いに連れていってくれた。あのとんとんとんっていうリズムに支えられて自分は生きてこられたんじゃないかと思う、という。またある学生さんは、自分が学校から帰ってくると、お母さんが「お帰り」と言うだけじゃなくて、「お帰り、○○ちゃん」って、名前まで呼んでくれた。それが自分はうれしくて、それが今支えになってると思う、と。また、ある学生さんは、自分が幼い時にお母さんが靴下を履かせてくれた時に、足のくるぶしの部分をクルっとちょっとなでてくれた、そういったことが自分にとっては、今とっても大事な思い出になっている…というようなことが次々出てきたのだそうです。[13]

生活の小さな場面が子どもにとって大事なのだと思えるためには、私たち自身が、自分をひそやかに励ましてくれるものはなんだったのか、自分にとっての子ども時代の大事な思い出は何か、ということに思いをはせることが大切なのではないかな、というふうに思います。皆さんの場合はどうでしょう?

これで私のお話を終わりたいと思います。ご清聴ありがとうございました。

※参考文献

(1) 石川憲彦・小倉清・河合洋・斎藤慶子『子どもの心身症』、1987年、岩崎学術出版社
(2) 須賀敦子『コルシア書店の仲間たち』、1995年、文春文庫
(3) 小倉清『子どものこころ―その成り立ちをたどる』、1996年、慶応義塾大学出版会
(4) ダニエル・スターン(亀井よし子訳)『もし、赤ちゃんが日記を書いたら』、1992年、草思社
(5) 滝川一廣・佐藤幹夫『「こころ」はだれが壊すのか』、2003年、洋泉社
(6) デーヴ・グロスマン(安原和見訳)『戦争における「人殺し」の心理学』、2004年、ちくま学芸文庫
(7) フィリップ・ジンバルドー(鬼澤忍・中山宥訳)『ルシファー・エフェクト ふつうの人が悪魔に変わるとき』、2015年、海と月社
(8) 最相葉月「私のいない部屋から」『あのころの未来 星新一の預言』、2005年、(新潮文庫)
(9) 小倉清「入院治療」『小倉清著作集3・子どもをとりまく環境と臨床』、2008年、岩崎学術出版社
(10) 土居健郎「秘密の観点」『精神療法と精神分析』、1961年、金子書房
(11) 滝川一廣「〈食事〉からとらえた摂食障害―食卓状況を中心に―」『新しい思春期像と精神療法』、2004年、金剛出版
(12) 最相葉月ほか「『セラピスト』をセラピストたちが読む」『飢餓陣営せれくしょん・3 セラピーとはなにか』、2015年、言視舎
(13) 清水眞砂子『幸福に驚く力』、2006年、かもがわ出版

第1部

ケアの手がかり

第1章　アタッチメント理論を現場にどう生かすか――社会的養護を中心に

はじめに

この章ではアタッチメント理論を現場にどう生かすかを考えます。私の仕事のフィールドは社会的養護（家庭で暮らせない事情を抱えた子どもたちを養育する営み）ですので、おもにそこで経験してきたこと・考えてきたことが中心になります。「アタッチメント」は一般には「愛着」と呼び習わされ、社会的養護に従事する里親や施設職員は今もこの言葉を使うことが多いように思いますが、後に触れるように、この「愛着」という訳語が養育者たちを必要以上に束縛してきた面もあるので、昨今は意識的に「アタッチメント」を使う方も増えているようです。ここでもそれに倣うことにします。

1　なぜアタッチメントが重視されるようになってきたのか

さて、現在多くの領域で影響力をもつアタッチメント理論ですが、この理論はもともと社会的養護とは縁が深いと言えます。提唱者であるボウルビーは、自身の臨床経験やリサーチを基盤に1960年代から1980年代にかけてこの理論を構築していきましたが、その対象には今でいう社会的養護の子どもたちも多く含まれていました。しかし、日本の社会的養護において「アタッチメント（愛着）」という言葉が浸透したのは、さほど昔のことではないようです。金井は2012年の時点で「かなり最近（10年ほど）のこと」（金井、2012）と述べていますから、せいぜい2000年代に入る前後と言えるでしょう。しかし、今やこの分野において子どもの状態像や言動の背景を理解しようとする際、アタッチメントは欠かせない概念となっています。そこにはいくつか理由があるのでしょうが、大きなものとして「社会的養護における子育ては難しく、なかなかうまくいかないから」というのがあると思います。そもそも子育てというものは、基本的にはそんなに思った通りにはいかない難しいものです。ましてやその子どもの人生の途中で他の誰かから子育てを引き継ぐ社会的養護においては、しばしばその難しさに輪がかかります。途中参加の養育者である施設職員や里親たちは、多くの場合、一筋縄ではいかない子どもたちを前に、「一体なぜこんな行動を？」「どうしてこんなにも心が通じないの？」「どうしたら改善するのだろう？」など、たくさんの問いを抱えながら毎日を過ごすことを余儀なくされます。

アタッチメントは、これらの問いに対する強力な説明原理として注目されるようになったのだと考えられます。ここには1990年代から社会問題化して啓発が進んだ児童虐待の問題も絡んでいるでしょう。子どもの虐待を拾い上げる眼が社会全体で細かくなり、虐待を受けた子どもの保護が増えるなかで、ただでさえ難儀な施設や里親での子育てが一層困難になりました。いわゆる「難しい子」が増えたわけです。当初はこの難しさに対して「トラウマ（心的外傷）」という観点からの理解がなされ、大きな助けとなりましたが、心的外傷論だけでは事足りず、より幅広い、育ち全体にまつわる概念としてアタッチメントが重要視されるようになったのだと思われます。また、単に説明や理解ばかりでなく、関わり方の方向性をいくばくか指し示すものでもあったと言えるでしょう。「そうか。この難しさにはこういう背景があったのか。こんなふうに考えられるのか」、「では、こんなふうにやっていこうか」といった具合に。

以下、私が児童養護施設の職員として仕事をする中で、アタッチメントに関する知識が子どもの理解と援助の役に立ったと思うことを述べたいと思います。

2　アタッチメント概念の有用性

(1)　安全の感覚を回復・維持する

私が児童養護施設の職員として仕事を始めた2000年代の初頭には、「愛着」という言葉は既に社会的養護の現場においても用いられ、重視はされていました（今もそうですが、「アタッチメント」という表現は流布していませんでした）。ただ、それは今思うと、いかなる面でどのような意味において重要なのか、といった分化された理解ではなかったように思われます。ですので、多分に観念的で、ともすると教条主義的な方向に傾きかねないものでした。私自身の理解がそうでした。すなわち、「特定の養育者と子どもという、二者のしっかりした情緒的絆や信頼関係がベースになり、それが範型となって対人関係全般に広がっていく。愛着関係はそのように重大なものなのだから、養育者は子どもとしっかりとした関係を作らねばならない」といった理解です。なかなか反論し難い説得力のあるこの論は、しかし実際には必ずしも養育者の支えになっていないように思われました。それどころか、場合によっては追い詰めることさえあるようでした。「子どもとの愛着関係を作るのは大事。それは分かっている。でも、愛情を持つべきだろうに、持てない。関係ができた感じもしない。子どもの問題行動が収まらず、落ち着かないのは、私が子どもを愛せず、関係を作れないせい？」と。「愛」の文字が入っているゆえか、漠然と愛情や絆、いい関係、などと同義に扱われていた節があります。また、「特定の大人との愛着関係」は、次々と人が入れ替わる施設養育への批判的色合いを含めて解釈されていた節もあり、往々にして「特定の誰か一人」と受け止められていたようでした。この傾向は、里親により強かったように思われます。

ですので、仕事を始めて何年も経ってから、ボウルビーが最初に示した「愛着」の原義が次のようなものだと知ったときには目が洗われる思いがしたものです。つまり、それは「文字通り、生物個体が他の個体にくっつこうとする（アタッチしようとする）ことに他なら」ず、「個体がある危機的状況に接し、あるいはまた、そうした危機を予知し、恐れや不安の情動が強く喚起された時に、特定の他個体への近接を通して、主観的な安全の感覚（felt security）を回復・維持しようとする傾性」だということです（遠藤、2007）。アタッチメントは元来、安全の感覚を回復・維持するための「手段」であって、関係を作ることそれ自体が「目的」ではないのだ、という理解は、私が心理職として他の職員と話をするときの発想の基点を変えたように思います。それはつまり、「この子とどう関係を作るか」が至上命題なのではなく、「この子にとっては何が安心できる状況なのか」を考えるほうが先だといったことです。関係は後からついてくる、と。

こういったことが考え方の基点にあると、日常の中のどんな場面を大事にするか、またどのように大事にするかも多少変わってくるように思います。たとえば、以前、幼少期から身体的虐待を受けてきた小学生の男子がいました。この子は日中は大変乱暴で、ちょっと気に入らないことがあると大人に対しても暴言や暴力の出る子だったのですが、夜になって周囲が静まってくると何か不安が高まるようで、高学年になっても寝入るまで傍にいることや添い寝を求めてきました。日中の態度からすると、「自分に都合のいいことだけ求めてくるなんて」、とつい思ってしまうのですが、アタッチメントの原義を思い返すと「こうした不安の高まる局面こそが関わりどころ」と思えます。以前はそんなふうに求めてこなかったことを考え合わせると、なおのことです。それで、職員は「ここは大事だ」と思いながら寝入るその子の首元まで丁寧に布団をかけるなどしていました。その子もその時は安心した、穏やかな表情でした。こういう関わりは、養育者の持ち前の気持ちいかんによっては自然発生的になされうるものではありますが、逆に、それだけが頼りだと自然消滅しかねないものでもあります。「こういう場面でのこうした関わりにはこんな意味がある」という〝理解〟は、関わりの持続性の支えになりえます。

もちろん、このような関わりがすぐに情緒的な絆や信頼関係へと結びつくとは限りません。しかし、それでもこういう考え方には意味があると言えます。先の小学生も、さんざん暴れて悪態をついたことなどまるで忘れたような風情で、社会人になってから遊びに来てくれました。また、ある集まりにおいて、私は以上のようなアタッチメントの原義に触れた上で、「愛情の絆や信頼関係はもちろん大事だが、それは〝目標〟とするよりも、安全や安心感を維持するケアを日々繰り返すなかで〝結果として〟育まれるもの、形成されたらもうけもの、くらいに考えておいたほうが良いのではないか」といった内容を話す機会がありました。すると、「そういった考え方をしていいなら、自分たちは気が楽になる」と、複数の里親の方から言っていただきました。アタッチメントの原義を知ることは、愛情や関係性の重要性を知るがゆえにこそそれが枷となっている人においては、時に、そこから解放する作用もあるようです。

(2) 馴染みの世界を作り上げてしまう

アタッチメントが恐れや不安などによる心身の乱れを定常状態に回復させる機能を持つことからもうかがえるように、生物としての人間にとって、安心と安全の感覚は優先的に護りたい感覚であると考えられます。しかし不思議なことに、自ら安心感や安全感を壊そうとするかのような子がいます。前項で述べた小学生男子もそうで、彼は学校の教室で通りすがりに同級生の机から文房具を払い落としたり、大きな音を立てて威嚇したりします。施設でも年下の子にしつこくちょっかいを出したり、足をかけて転ばせたりします。そして、相手が嫌がって不満そうな顔をみせる、あるいは大声で泣くなどすると、「は？　何キレてんだよ！」「嫌な目で見た！」と興奮して怒り出し、手が出ることもあります。暴力や年下いじめは放っておけないので、大人としても割って入らざるを得ません。すると今度は止めようとする大人にも「触んじゃねえ！　穢れる！」と暴言や暴力が出ます。穏やかな声で宥めようにも「うるせえ、だまれ！」と取り付く島がありません。大人は努めて冷静でいようとしますが、こういうことがしばしばだと怒声や激しい表情に絶え間なく神経が曝されるせいか、つい苛立ちを募らせてしまいます。関係が密な大人ほど、このパターンが固定化していくように思われました。

放っておけば特に何事も起こらず平穏な時間が続いてよい状況なのに、わざわざ不和と不穏の火種をまき、護ってくれるはずの大人の不興や怒りを買うような事態を現出させてしまう。このような傾向は、人生の早期から虐待的な養育環境の中で生きてきた子の一部に見られるように思います。

こういった傾向性が虐待を受けた子どもに見られることは、「虐待的関係の再現性」として既に広く知られていることではありました。しかし、なぜかくも（安全で安心な状況に身を置くという見地からすれば）不合理な関係性をわざわざ再現してしまうのか、私自身はいま一つ腑に落ちないままの時期が続きました。

そのような中、アタッチメント研究における内的作業モデル（自己や他者および関係性一般に対して個人が抱く主観的確信やイメージ）との関連で「自己確証過程」という視点を知り、これによって私の中の「分からなさ」がずいぶん解けたように思います。自己確証過程とは、「人には一般的に、その生活環境の知覚・認知やそれに対する具体的働きかけ、さらには環境の実際の調整や構成を通して、自己概念などの個人の内的特質を頑なに護ろうとする傾向がある」という仮定（遠藤、2005）のことで、つまり、自分がそれまでに培い、馴染んできた自己イメージ、他者イメージ、世界観に合致するように、自分の周りの対人世界を築き上げてしまう傾向が人にはあるという仮説です。これも「目から鱗が落ちる」に近い見方でした。

それまでも、人間というものは過去の対人関係の中で培われた自他に対するイメージに沿って周りからの働きかけを解釈しがちなものだ、という見方はしていました。それはごく常識的な考え方であり、日常的な経験知とも符合します。子どもたちは悪意や敵意など、何かと被害的な受け取り方を互いにしては絶えず諍いを起こしていますし、私も以前、ふと考えごとにふけっていた時に、虐待歴のある女児に「何？　なんか怒ってんの？」と言われたことがあります。

しかし、自己確証過程の考え方によれば、人間はそればかりではなく、そうしたイメージや世界観に実際に合致するように、またそれをより確かなものにするかのように、（たとえそれが不快で苦痛なものであったとしても）周囲を構成してしまうものかもしれないというのです。その目で見ると、一見不合理な振る舞いが理解できるように思われましたので、これは腑に落ちる考え方でした。先の小学生男子は、自身が暴力を振るわれるだけでなく、周囲の大人同士の暴力や怒声を伴う喧騒を日々見てきたと言います。それを踏まえると、彼はまさに「破壊的にふるまう自分」や「不和に満ちた世界、自分を疎んじ叱責する他者」という馴染みの世界を現出させていたと言えます。

私は先に、自ら安心感や安全感を壊そうとするかのような子どもたちの振る舞いを「不思議なことに」と書きましたが、人間が快・不快以上に「それまで馴染んできたもの」や「予測できるもの」に導かれうる存在であるかもしれないことを考え合わせると、これもまた自然なことのように思われてきます。「試し行動」や「わがまま」と目されがちな言動の一部にも、この観点から再検討できるものがあるように思われます（内海、2012、2014）。

私は今のところ、このような傾向に対する特効薬はないと考えています。破壊的な振る舞いが出にくいような状況や安心して穏やかに人といられる時間を少しでも多く見つけて作り、維持すること。また、その積み重ねの中で、「人とうまくやれる自分」や「自分に対して穏やかで協力的な他者」といった世界観が根を下ろし、そしてそれに基づいて生きたほうが心地よいし生きやすいという感覚が育まれるのを傍で待つこと。これは、既に決められた行き先に向かってつけられた強固な轍に抗いながら、少しずつ違った方角への道筋をつける根気仕事にも似ています。（1）でどのような局面をどのように大事にするか、ということで就寝場面を挙げたのは一つの例ですが、そういうものを積み重ねていくしかないだろうと思っています。

(3) 自分の内的状態を把握し、調整する

このような、せっかく助けとなってくれるかもしれない他者に対し不適切な行動をとることで、結果的にサポートを遠ざけてしまう事態に対して、内的作業モデルや自己確証過程は確かに「なるほど」と思わせる説明概念ではありますが、どちらかというと少し離れたところから現象の仕組みを解釈しているような見方でもあります。同じ事態をもう少し本人に即して考えるなら、やはり「情動や衝動性のコントロールがうまくいかない」ということになるのだろうと思います。そしてこのうまくいかなさの背景にも、アタッチメントの問題があると考えられます。そもそもアタッチメントは「〝一者の情動状態の崩れを二者の関係性によって制御するシステム〟と言い得る」(遠藤、2007)わけですから、この側面においてこそアタッチメントが大きな役割を果たしていると言えます。

では実際にはどうやって情動状態の崩れが制御されていくのか、ということを考えたとき、ただ単に「くっつく(アタッチ)」だけで果たされるわけではないと思い至ります。「養育者の大人は、子どもの情動が崩れた時に、ただそれを制御し立て直すだけではなく、それに一瞬、先立って、その情動の崩れに一緒に寄り添い調律、同調し、そしてつい同じような顔の表情や声の調子になる中で、それを子どもに対して映し出してあげ」、「さらに、そこには、養育者による子ども

の心身の状態に合致したラベリングが伴うことが多い」(遠藤、2016)のです。例えば泣いてむずかる赤ちゃんに対し、何だろうと近づき(接近)、「まぁ、どうしちゃったのぉ? あー、うんち! (不快なことに同調するような表情と声で)うんちでお尻がイヤイヤだったのねぇ(調律と映し出し)、あぁ気持ち悪かったねー(心身の状態のラベリング)、よしよし、おむつ変えてあげるから大丈夫、大丈夫(制御、立て直し)」といったように、言葉にすると結構複雑なプロセスを瞬時にやっているわけです。

子どもと養育者はこのようなプロセスを何度も何度も繰り返すことを通し、先に述べたように自他に対する内的作業モデルを形成すると考えられます。それが重要なのはもちろんですが、このプロセスはそればかりではなく、もともとはあいまいで未分化な身体感覚や情動を自らのものとしてとらえ分け、他者と心を分かち合う基盤になるという意味でも重要です(さらにその基礎となる神経・生理学的な機構を整える意味でも)。情動や衝動性のコントロールがうまくいかず、そしてその結果、対人関係もうまくいかなくなりがちな問題を抱えている子の中には、発達早期にこのプロセスが丁寧になされてこなかったと目される子が多いように思われます。件の小学生男子は、傍目には少し苛立ちが募り始めているように見える状態でもあまりその自覚がないようでした。さらにその前段階で、学校に行ってきた疲れが少々見え隠れし、それによりイライラしやすくなっているように思われるときに、「ちょっと疲れてる?」と声をかけても、「分かんない」と言います。そしてその状態のまま他児の遊びの輪の中に入ろうとし、少しの行き違いから一気に苛立ちが激しく募り、諍いを起こしてしまうこともしばしばでした。私は、遠藤（2016）がメンタライゼーション（自他のふるまいの背後に潜在している内的状態を的確に読み取る力）とレジリエンス（逆境から回復する力）のつながりを試論する中で、「『つらい』ということが自己モニタリングされていれば、さらに自身をつらい状態に陥れるような事態を自ら回避することが可能かもしれない。また、現に『つらい』という言葉が表出されれば、それによって高確率で他者からケアを引き出すことが可能かもしれない。実は、こうしたことが普通にできるということ自体が、ある意味、レジリエンスの一部をなしている」と述べているのを読み、自分の心身の状態や感覚をうまくとらえて人に伝えることの意味について、一歩理解が深まったと感じました。また、それが不得手な子が結果的にサポートを遠ざけてしまいがちな背景についても、理解のための視点が一つ加わったように思います。

この不得手さに対しても、特効薬はないと思います。原理的には乳幼児を宥めるのと同じで、心身の状態を推し測り、同調し、映し出し、言葉をかけ、心身の乱れを収めていく繰り返しをするのが基本になると考えられます。

3　共同で護るアタッチメント形成

冒頭に述べたように、社会的養護において、アタッチメント理論は養育にまつわるさまざまな「なぜ」に対して一定の見解を示し、関わりの方向性にヒントを与えてくれます。また、人間が育つ上で何が必要か、といった原理的なことを確認させてもくれます。本稿では私にとってのそのような有用性を述べてきたわけですが、これだけでは理解の届かない領域があることも一方で押さえておく必要があるように思います。たとえば、なぜ自分だけが施設で暮らさねばならないのか、なぜ親は自分の前に姿を現さないのか、なぜ自分はあのような扱いをされなければならなかったのか……疑念、悔しさ、理不尽さ、諦め等々……こういった個別の、実存的とも言える「なぜ」に対しては、アタッチメント理論は答えをくれません。それは、腑に落ちるストーリーを個々に探しながら接近するほかない問題で、人間を理解するとはこういった側面を含めてのことでしょう。

社会的養護における養育者は、こうしたことにも思いをめぐらせながら子どもと過ごしていくことになります。子どもからぶつけられて苦慮するのは暴言や暴力だけではありません。子どもからの問いや思いも、たった一人で受け止めるのはなかなか難しいことです。確かに、投げかけられたその人が、その時に、しっかりと組み止めなければならないということも場合によってはあるでしょう。しかし、そのような場合でも、その養育者が共同体の中で護られていることが大切なように思います。「ヒトの子育ては、近しい他者から社会的サポートを付与されるということを前提に仕組まれている節があり、それだけに、現に、そうしたサポートをどれだけ受けることができるかということに、その質を大きく左右される可能性がある」（遠藤、２００７）との見解は、社会的養護の政策が里親や養子縁組など「家庭的」なるものを優先する方向で推し進められている昨今だからこそ、よりしっかりと踏まえられるべきだと思います。周囲との相互的・共同的なサポートを含む総合的な良き環境の中でこそ、個々の養育者は本来のアタッチメント機能を果たすための心身のゆとりを得られると考えられるからです。

※引用文献

遠藤利彦「アタッチメントの連続性を支えるメカニズム」数井みゆき・遠藤利彦（編）『アタッチメント―生涯にわたる絆』２００５年、ミネルヴァ書房
遠藤利彦「アタッチメント理論とその実証研究を俯瞰する」数井みゆき・遠藤利彦（編）『アタッチメントと臨床領域』２００７年、ミネルヴァ書房
遠藤利彦「アタッチメントとレジリエンスのあわい」『子どもの虐待とネグレクト』第17巻3号、２０１６年、ｐ３２９―３３９
金井剛「愛着理論を知る―歴史、基礎知識、里親養育との関連での功罪」『里親と子ども』第７号、２０１２年、ｐ52―57
内海新祐「「試し行動」というとらえ方をめぐって―支援者としての観点から」『里親と子ども』第７巻、２０１２年、ｐ65―70
内海新祐「わがままと誤解される行動への理解」『児童心理』第68巻第2号、２０１４年、ｐ50―55

第2章　アタッチメント（愛着）をリレーする

「アタッチメントをつなぐ」という観点

人間のこころの発達や健康において乳幼児期のアタッチメントがいかに重要か。これに関する知見が蓄積されていく中で、子どもに関わるさまざまな分野でアタッチメントを意識した取り組みがなされるようになってきた。そこでおこなわれてきたことは、基本的には、「子どもと養育者との情緒的絆をどう形成するか」、あるいは「それまでに培われた、他者との〝歪んだ〟（社会への適応にむしろ不利となるような）関係性の持ち方をいかに修復するか」に対する試みであったといえるだろう。つまり、「その実践の場において」ということが課題意識の中心であった。たとえば取り組みの場が児童養護施設であるなら、子どもと職員がいかに信頼関係を作れるか、また、その関係の中で、入所以前の経験に起因すると思われる対人関係のあり方や行動上の問題をいかに修正できるか、に向けての工夫や努力である。

これが重要なテーマであることは言を俟たない。しかし重要であるだけに、これに関する実践や論考はすでに多数出されている。[1][2]『こころの科学』や『そだちの科学』などの雑誌でも10年以上前に特集が組まれている。もちろん、この10年余りの間に深化や変化はあった。メンタライゼーションやマインドフルネス、あるいはレジリエンスなど、当時はあまり膾炙されていなかった概念との関連などがその例として挙げられる。[3][4]しかし、根本的な更新が迫られているとは思われない。

よってここでは別の観点から述べてみたい。それは、「アタッチメントをつなぐ（養育の引き継ぎ）」という観点である。ここに着目するのは、「いかにアタッチメントを形成し、修復するか」といった主題に比べ、手薄なように思われるからである。また、児童養護施設など社会的養護の分野では特に重要な視点と考えられるからである。なお、「いかにアタッチメントを形成し、修復するか」という課題と「いかにトラウマを治療し、援助するか」という課題はかなりの部分重なると私は考えている。児童養護施設における実践として、後者については以前述べたことがあるので、[5]結果として、前者についても概ねそこで述べているといえるだろう。

「養育の引き継ぎ」としての社会的養護

児童養護施設は原則として2歳から18歳までを対象としているため、その養育は「引き継ぐこと」を原理的に含んでいる。常に誰か（どこか）から引き継ぎ、多くの場合誰か（どこか）へと引き継いでいく。やって来る子は必ず、それ以前の誰かとの関係の歴史を背負って入所してくる。少し言い方を変えると、やって来る子は必ず、それ以前の誰かとの関係の歴史を何らかの形で切る（切られる）ことで入所してくる。まず、そのこと自体がアタッチメントの危機である。したがって、引き継ぐ側には過去の誰かとの関係性に思いを馳せ、それを重んじ、その喪失を悼む姿勢がまずは求められる。「さあ、過去の人は忘れて今日から新たな気持ちでここの大人たちと関係を作ってね」というわけにはいかないのである。ゆえに、児童養護施設における取り組みと言っても、それは「施設に入ってから、施設の中の誰とどうするか」ということのみを意味するわけではない。以前いた場所と施設に来るまでの〝あいだ〟にどう手と心をかけるか、という問題も含むことになる。

アタッチメントをつなぐこと——乳児院からの移動を例に

(1) 入所の前に：過去の営みを尊重し、養育者同士がつながる

養育を引き継ぐことの重要性がもっとも顕著に表れるのは、乳児院から来る子を受ける場合であろう。見慣れた風景、使い慣れた物品、建物の匂い、大好きな職員、それらから一方的に切り離され、まだ舌も十分に回らぬ子がまったく新しい環境へと身一つでやって来るのである。この危機的事態に、それでも可能な限りの手と心をかけることがそのまま「アタッチメントの問題への取り組み」になる。

この取り組みの中でもっとも大事なことは、新しく養育を引き継ぐ側は、それまでの養育者とその営みを大切に思い、敬意を抱くこと、つまりはその子の過去を大切にするということである。

もう少し言えば、そのような気持ちを抱けるように話を聴き、行き来し、元の養育者と協働関係を作っていくよう努めることである。どんな赤ちゃんだったのか、どんな思いをかけながら育て、どう成長してきたのか、乳児院の職員さんとしては今どのようなお気持ちでいるのか、それをお聞きして受ける側としてはこんなことを感じた……等の話を通じて、同じ子どもの人生に携わる者としての〝同志〟的な心情を育むことが目指すところとなる。育成記録はたんなる情報ではないし、それをもとにしたやり取りもたんなる情報共有ではない。

移動のその日までお互いに何回行き来すべきか、何度話をする機会を持つかなどはそれぞれの施設の物理的距離や勤務状況、その子の性質など、さまざまな要因が絡むので一概には言えない。だが、少なくとも一回は新旧両養育者が子どもを囲んでお茶でも飲みながら「仲良し」である様子を見せたいものである。子どもは自分がよりどころとしている大人が信頼している相手なら比較的安心感を抱くことができるからである。

(2) 入所の当日：別れに際してのこころの乱れを抱える

移動の日は大抵の場合、傍目にも辛い別れとなる（そうならないようならもっと心配になる）。近頃は乳児院の職員も、子どもに「今も大好きであること」「でも大きくなったからもう赤ちゃんのお家にはいられないこと」「お兄ちゃんお姉ちゃんや新しい職員さんたちと仲良く元気に大きくなっていってほしいこと」「これからも変わらず大事に思っていること」などを伝え、身を切られるような別れの辛さをしっかりと子どもと共有してくれることが増えており、一昔前のように子どもが遊んでいるうちに身を隠すように帰ってしまう〝置き去り〟的な別れ方はなくなってきている。だが、どんなに手をかけても、どう工夫しても、誰が何と言っても、理不尽なものは理不尽で、子どもにとっては理不尽でしかない。その理不尽さを共に悼むことがアタッチメントを引き継ぐ土台になると思われる。入所前に元の養育者の思いを受け取る中で作ってきた、新しい養育者側の「引き受ける覚悟」のようなものが、子どものこころの危機状況を抱える器になると言えるだろう。この日の食事、入浴、睡眠のことは特によく覚えておくようにする。

(3) 入所してから：過去への思いを汲みつつ、基盤を移行していく

入所後、子どもがどのような状態をいつまで示すかは、かなり幅がある。思ったほど乱れないと思う場合もあれば、なかなか不安定さが収まらない場合もある。直後から大泣きする子もいれば、しばらく経って不安定になる子もいる。しかしいずれにせよ、子どもはそれまでの「自分」を成り立たせていた人や物とのつながりを喪ってここにいるのである。「自分」を喪ったも同然の状態であり、基本的には〝クレイジー〟になって当然であろう。ある乳児院の保育士から伝え聞いた話によると、移動翌日だったか数日後だったか、子どもを離れたところから見る機会があったそうだが、その様子はまるでこの世の終わりみたいな顔で「じぶんない、じぶんない」と言っているようだったという。そしてややあって元担当者である自分の姿を見つけたとき、「じ

ぶんあった」というような顔になったのだという。私はその保育士の観察眼は的確なものだと思う。

そのような状態にある子どもを受け止める養育者は、元の養育者の影や昔から大事にしていたもの、すなわち以前いた世界への思慕を消そうとしないことが大事である。このことは、子どもが不慣れな世界に取り囲まれる中で、それまでよりどころとしていたものをよすがにしながら必死に生きていこうとしている切実さを思えば当然のことのように思える。だが、新しくその子を受ける側にとっては必ずしもそうは思えない場合もあるので、あえて言及が必要かもしれない。というのも、いつまでもかつての養育者を慕い、アルバムを開いては（こういうアルバムがあることはとても大事なことである）「赤ちゃんの家がいい」と以前の施設を懐かしむような姿は、今の担当職員からすると、なんとなく当てつけられているような気がしないでもなく、正直〝ちょっと面白くない〟と感じられることがあるからである。自分を信頼してほしいし、なついてほしいし、ここでの生活に楽しさと喜びを感じてほしい。それは素朴かつ自然な心情で、これ自体は責められるべきものではないが、それが無意識的にでも昂じると、子どものペースを超えた対応がなされかねない。もう半年経ったからとか、1年経つのにといった、大人側の時間感覚とは別の時間軸があるかもしれないことに思いを致すべきであろう。

かつて別の児童養護施設の職員から聞いたことだが、ある職員は、子どもが乳児院から移って1年が過ぎたころ、その子が乳児院時代から大事にしていたタオルを「いつまでもこういうモノに頼ると職員に十分な依存を向けるようにならない」と職員部屋で預かるようにしたのだという。「モノよりヒトに向かわせたい」という一見もっともな理由がそれを後押ししたというが、「移行対象」などという言葉は知らなくとも、空想と現実のはざまの「パーソナルな何か」がよりどころとしてあることが、人間の精神の安定と自立（自律）にいかに重要な役割を果たすか[6]、先人が積み重ねた考察や実践知にも思いを馳せたいものである（なお、その施設ではその後、園内のカンファレンスで「やはりそれは子どもには酷なのではないか」という意見があり、子どもの手許に返されたとのことである）。

施設を移った後で元の養育者にどのくらいの頻度でどのように関わってもらうか、いつまでかかわってもらうのが良いか、現実的に可能・不可能の問題もあるのでこれまた一概には言えない。原則論的に言えば、かつての養育者の訪問や関わりは歓迎し、子どもが電話などしたがる気持ちには応えつつも、今の生活の基盤は新しい施設であり、かつその養育者であることは揺るがずに示す。この基盤を確かなものにしていくうちに、〝いつのまにか〟かつての関係性への執着が溶けるように去っていくというのが基本的に目指す筋道であろう。

引き継ぐ関係が「望ましいもの」ではないとき

以上述べたことは乳児院から移動してくる例において特に際立つものであって、一時保護所や別の施設、里親など、どんな年齢やルートで入所して来る場合でも基本的な姿勢は同じである。

子どもが築いた過去の誰かとの関係を大事に思うこと、子どもがそこに向ける気持ちを尊重し、打ち消そうとしないこと、新しい養育者として過去の誰かとなるべく良い関係を築き、その関係の中で養育を引き継ぐこと、引き継いだ後もつながりを保つこと、保ちつつ今の関係を確かなものにし、過去の誰かとの関係が背景的なものになっていくよう時間を過ごすこと。「過去の誰か」はもうすでにおらず、現実にはつながれない場合もあるが、何にせよ、児童養護施設がアタッチメント形成のスタートではないことを意識すべきである。

もちろん、過去の誰かとの関係は良いものばかりとは限らない。むしろ（少なくとも傍目には）そうとは思いにくいことのほうが多い。虐待を受けた子どもの入所が多くなり、発達初期に不適切な養育環境であったと推測される場合などは特に、その養育は「ゼロからではなくマイナスからのスタートだ」といわれることもある。たしかに、世の中に身を置くことの安心感よりは緊張感、大人への信頼感よりは不信感を培ってきたような子が安心感や信頼感を育んでいく道程の困難さを思うと、「マイナスからのスタート」という表現もあながち誤りとは言えないように感じられることはある。しかしそのような場合でも、それまであった関係の大きさと喪失の重みは変わらない。「虐待していた親でも子どもにとっては大好きで大切な親」なのであり、「子どもの大切な親を悪く思っていては、子どもとの愛着関係も本物にならない(7)」という指摘は、実際にはなかなかそうは思えないからこそ銘すべきことのように思う。それは、マイナスとしか思えないほどの過去が一部にあるとしても、それをも含め、子どもの人生の総体を受け止める姿勢につながると考えられるからである。その姿勢を子どもに強いるわけにはいかない（子どもが過去の誰かとの関係を大事と思わない、また思えないことはあるし、それも必然性のあることである）が、少なくとも援助者には必要であろう。「アタッチメントの修復」はその上でのことである。

誰かへと引き継いでいくこと

児童養護施設における養育が「引き継ぎ」をその本質として含むからには、誰か（どこか）へと引き継いでいく場合も当然ある。アタッチメントの問題への取り組みとは、つまるところ、「危機的な状態になったときにも安心や安全のよりどころとなるものはあるのだ、シビアな状況でも助けとなってくれる他者はいるのだ」という身体感覚にまで根差した確信を築くことである（トラウマのケアと重なるというのは、まさにこれが理由である）。そして、アタッチメントをつなぐとは、この確信が他の養育者や他機関においても続き、広がることを意味する。

どこまで私たちができているか、まったくもって自信があるわけではないが、この確信の形成と広がりのためにも、施設が子どもたちの表象の中で「何かあったときには戻って力を得られる場所」になってほしいと努めてはいる。むろん、これは入所中にそのような表象につながる関係性を「特定の誰か」と育めることがある程度の前提にはなるが、「特定の誰か」は必ずしも担当職員のみ、まして一人だけとは限らない。その職員が諸々の事情で辞めたり交替したり、あるいはその職員との関係が相当悪化したりした場合でも、施設の持てる人的資源が要所で関わり、施設が総体として支えたという体験がその子に残れば、その可能性は開かれると思う。実際、退所後も、ある職員との関係が悪くても、他の職員とのつながりの中で施設に顔を出せる子はいる。それは、組み紐の糸が一本切れても他の糸が残っているならつながりが保たれるようなものといえるだろう。このような重層的な関係の基盤に加え、退所後の養育者や他機関などとの間に具体的な橋渡しを行なっていく手練手管ももちろん大切である。こうした総合力で勝負していくのが児童養護施設におけるアタッチメントの問題への取り組みだと私は考えている。

※参考文献

（1）テリー・M・リーヴィ、マイケル・オーランズ（藤岡孝志・AHT研究会訳）『愛着障害と修復的愛着療法—児童虐待への対応』２００５年、ミネルヴァ書房
（2）西澤哲「施設養育におけるアタッチメントの形成」『子どもの虐待とネグレクト』10巻3号、２００８年、ｐ２９７—３０６
（3）遠藤利彦「アタッチメントとレジリエンスのあわい」『子どもの虐待とネグレクト』17巻３号、２０１６年、ｐ３２９—３３９
（4）Ｊ・Ｇ・アレン（上地雄一郎・神谷真由美訳）『愛着関係とメンタライジングによるトラウマ治療—素朴で古い療法のすすめ』２０１７年、北大路書房
（5）内海新祐「子ども虐待の援助と治療—児童養護施設において」『そだちの科学』29号、２０１７年、ｐ

59—63

(6) 井原成男『ぬいぐるみの心理学—子どもの発達と臨床心理学への招待』1996年、日本小児医事出版社

(7) 摩尼昌子「乳児院での愛着—当院の考え方を中心に」『そだちの科学』7号、2006年、p55—60

第3章　「ある」と思うことによって「あるようになる」もの

――レジリエンスの一側面

1　周回する概念としてのレジリエンス

「レジリエンス」が心理学や精神医学上の概念として頻繁に用いられるようになったのは比較的最近のことである。中谷（2009）はレジリエンス研究は「1970年代より欧米を中心に新たに展開されてきた」と述べているが、本格的な推進は1990年代以降と言えるだろう。心理学の国際学術文献データベース「PsychINFO」での検索結果を調べた仁平（2014）によれば、「resilience」あるいは「Resiliency」を扱った文献は、1990年までは320件だったのが、2000年には累計2000件を超え、2014年5月までで15000件に迫っており、このような勢いは「心理学の歴史に例がない研究の集中と広がり」だという。日本語文献でも同様の傾向が窺える。私も「レジリエンス」をキーワードに学術情報のデータベース・サービス「CiNii」で検索してみたところ、2005年までは累計でも89件（しかも物理的な素材に関するものがほとんど）だったのが、2006年～2010年で155件、2011年～2015年で805件と飛躍的に増加している。心理学関連のものが数を押し上げているのが明らかに見て取れる。

このような急激な増加は、レジリエンス研究がトラウマ研究や剥奪研究に対するカウンターステアという側面を持っているからであろう。トラウマ性ストレスや剥奪的養育環境などの「逆境」が神経－生理学的機構や心理発達、認知・行動傾向にいかに大きな影響を与えるかに関しては比較的長い研究の歴史があり、さまざまな蓄積がなされてきた。だが、「どんなに酷い体験であっても、それに遭遇したすべての人が同じ程度にその種の症状をもつわけではないことが注目される」ようになり、対処力や回復力の個人差の説明に「レジリエンス」という言葉が用いられるようになったのである（森、２０１１）。その研究史的転回点が欧米では20世紀後半、日本では今世紀に入ってからなのだと言えるだろう。

逆境（環境の不利）に対する個人差を説明する「何か」を見出そうとする志向性は、おのずと環境以外の「何か」、つまり個人の特徴や資質を明らかにしようとする傾向を内包する。だが、それらの「特徴」をひとたび同定すると、今度は「その特徴はいかにして育まれるのか」「どのような条件があると発現するのか」という問いと無縁ではいられなくなる。実際、現在のレジリエンス研究の基本的な立場は「レジリエンスを生み出すには、環境の資源と個人の特性の複雑な交互作用が必要である」（Mark, ２００４）という考えになっている。「環境の資源」「個人の特性」それぞれの次元でさまざまな「危険因子（risk factor）」と「保護因子（protective factor）」とが想定され、その交互作用が考察の対象になっているが、このことは、「個人の特性」のみではレジリエンスは発現しにくいことを意味している。つまり、「不利な環境」を乗り越えさせる力を見出そうとする試みは、結局のところ、その力を育み、作動させるのに「有利な環境」を考えることに戻ってしまうのである。

2　レジリエンスにおけるアタッチメントの位置

仁平（2002）は「レジリエンスを示した人の特徴」として、「あきらめないで自分が努力すれば、問題は解決し成功できると信じる（自己信頼）」「自分にはこの世に存在する意味があり、人生には何か意味があると思い、自分を大事にする（自尊心・自己の存在の意味の認識）」「自分を見守ってくれる人は必ずいると信じ、必要なときには人の助言や助けを求めることができる（他者の信頼と利用、メンターの存在）」などを挙げている。こういった「特徴」を概観して気づく通り、これらのメンタリティはどれも、もっぱら発達早期のアタッチメント形成の中で育まれるものに他ならない。もちろん乳幼児期に「決定」されるわけではないが、乳幼児期の重要性は覆らない。

同様のことは、保護因子のうち、一見「個人の内部にある」とされるものにおいても言える。例えば小塩（2009）は「自分自身のことを肯定的にとらえる程度」「将来を肯定的にとらえる程度」「感情や衝動をコントロールする力」などを個人内要因の保護因子として挙げているが、これらこそ、発達早期からの虐待やネグレクト等の不安定な養育環境、アタッチメントの不全の中で損なわれるとされているものである（滝川、２００６）。「個人内要因」と言っても、決して環境と無関係に自生するのではない。したがって、発達早期のアタッチメントはレジリエンスにおいて重要な位置を占めると考えられ、ゆえに安定したアタッチメントを育むような発達早期の環境はやはり重要ということになる。

ここで一つの問いが生じる。「レジリエンスにアタッチメントは重要な位置を占めると考えられる。では、アタッチメント形成において重要な、発達早期の環境こそがまさに逆境に曝されていたとしたら、その後に関わる者は希望を持てないのだろうか？」このことを事例をもとに考えてみたい。

3　レジリエンス発現の様相

(1)　事例

入所時小学1年生。両親の不和の中、母親は弟妹とは明らかに違う対応をし、「あんたは可愛くない」「嫌い」等の露骨な言葉を浴びせていたようである。5歳時に両親が離婚し、本児は父親が引き取ったが父母とも経済事情は思わしくなく、数カ月おきに両親間を行ったり来たりするうちに、言うことを聞かない時など身体的虐待を受けるようになっていた。ある時、父親の社員寮で床をひどく汚すことがあり、頭部出血が認められるほどの暴力を父親より受ける。これを機に一時保護がなされ、施設入所となった。

入所してからの本児はうまく友だちを作れず、年上の子からも疎まれがちであった。言うことを素直に聞かず、苛立つ他児が強い態度に出ると神経に触る声で泣き叫ぶ。しかし、決して折れず、言うことは聞かない。小さな棘を含んだ余計な一言が多く、それも災いした。担当職員も親和的なやりとりがなかなかできず、何かと神経を逆なでされるような日々を送っていた。施設内の心理士とのプレイセラピーでは、虐待的な場面の再現と目されるようなストーリーが延々と続いた。

その後数年が経過し、それなりに日常の生活サイクルは定着していったものの、人と親和的なやりとりはうまくできないままであった。担当職員は大きくは変わらない日々の中で倦んだ気分になることもあったが、ある時カンファレンスにて、他の職員が「虐待されてきた子は年下の子を苛めることが多いけど、この子は年下を苛めないね」と指摘したのに対し、「あぁ、確かに……」と軽い驚きを伴いながら肯いた。しばし思いをめぐらせ、「そういえば……」と思い出されたのは、「すぐ下の妹が生まれる2歳過ぎまでは両親の不和もひどくはなく、わりと可愛がられていた」ということであった。それまで職員間では本児の棘のある言動と過去の虐待体験が結び付けられがちだったが、「2歳くらいまではわりと可愛がられていた」という事実の再認識は、「だから、年下を苛めない優しいところもあるのかもね」「ちゃんと可愛がられた経験がある子なら、こちらのかかわりを受け止めてくれる器があるかもね」と、本児に対する肯定的な視線や希望的観測を形成するのに一役買った。

もちろん、「これを機に」というほど劇的に本児への評価や対応が変わり、また本児自身の対人関係のあり方が良くなっていったわけではない。だが、担当職員の本児に対する肯定的感情が増し、関わりもより粘り強いものになったとは言えそうである。食べ物の好き嫌いが多かった本児に対し、極力無理強いはせず、本児が食べられる食材を使ってメニューをアレンジしたり、盛り付けなども工夫したりした。必要な持ち物はきちんと用意して名前を丁寧な字で書き、衣類もその子に合った色やデザインでしつらえ、洗濯後には綺麗にたたんで引き出しにしまった。本児はそのようにして与えられた「自分のもの」は大事にすることができたので、それもまた美質として数えられた。

そのような生活の下支えの中で、人を苛立たせるような本児の言動も徐々に減じていき、職員とも冗談交じりのやりとりが増えていった。セラピーも継続して行なわれ、不遇な場面の再現ばかりではなく、まだ小さいながらも培った力を携えて生きていく、というようなストーリーも表れるようになった。中学では大方の心配をよそに部活を最後までやった。知的には境界域に属する子であったが、自分のレベルを受け入れ、それに見合った高校を選んだ。高校に入ってからの本児は、知的に同水準の仲間の間ですっかりくつろいだ表情になり、友人とのおしゃべりに興じて帰宅が遅くなるほどであった。まるで遅れてきた学童期を謳歌しているようで、いつしか施設内においても「穏やかな子」と目されるようになっていた。高校卒業後は、職員のサポートを受けながら決めた職場に就職し、安定した生活を送っている。

(2) 本事例におけるレジリエンス発現の機序

この事例において、項目的に危険因子や保護因子を列挙すれば次のようになるだろう。危険因子としては、幼児期の心理的虐待、身体的虐待、両親の不和、別居・離婚、知的能力や言語スキルの低さなど。また保護因子としては、安定性のある養育者(担当職員)との関係、安全な生活、健康・教育・心理面での組織的で継続的なサポートなど。「2歳くらいまではわりと可愛がられていた」というのも加えられるだろう。

ここで重要なのは、保護因子は過去の「事実」としてただ静的に存在しているだけのものではないということである。中でも「2歳くらいまではわりと可愛がられていた」というアタッチメントにまつわる「事実」は、意味あるものとして「再発見」されることによって、本児への肯定的視線や関わりの支えとなり、レジリエンスの発現と成長の起点になりえたと考えられる。その「事実」は、入所時点での記録にあり、ずっと存在し続けていた。にもかかわらず、入所してからの数年間はそこまでの力をもたらさなかったということになる。つまり、ある「肯定的な素材」は、関わる者が関わりの文脈の中で「良いもの」あるいは「意味あるもの」として見なさなければ、レジリエンスの保護因子として十分作用しないのではないか。

また逆に、次のような可能性もある。関わる側が「良いもの」「意味あるもの」と見なすことは、その「事実」が仮に信憑性や実質の面で不十分なところがあったとしても、レジリエンス発現の力になりうるという可能性である。先の「2歳くらいまではわりと可愛がられていた」という「事実」も、父親からの伝聞情報に過ぎない。それは雑駁な印象の表現であって、まったくの虚偽や架空の事実ではなかろうが、学問的見地から精査した場合、有効なアタッチメント関係が形成されていたか、親は安全感を保障する対象として機能していたのか、その実質は定かではない。にもかかわらず、担当職員をはじめとする職員集団の「思い込み」は、今現在の姿と裏打ちし合い、レジリエンスの発現にあたって肯定的な作用をもたらしたと考えられるのである。

以上のことから、レジリエンスに関して次のことが言える。すなわち、子どものレジリエンスとは、関わる者と無関係に「ある」ものではなく、肯定的素材がこの子には「ある」と関与者が見なす（思い込む）ことによって「あるようになる」ものである、ということである。レジリエンスのすべてがこれで説明できるわけではないとしても、少なくとも、そのような側面があるとは言ってよいであろう。

4　初期発達の環境に不利な要因しか見つけられない場合

（1）安易な楽観論の語れなさ

レジリエンスの発現にあたっては、上記のような側面があるとしても、先述した問いはなお残る。「アタッチメント形成において重要な、発達早期の環境こそがまさに逆境に曝されていたとしたら、その後に関わる者は希望を持てないのだろうか？」という問いである。先に挙げた事例においても、職員のモチベーションが維持・賦活されたのは、「2歳まではわりと可愛がられていた」という肯定的な「事実」をわずかながらも再発見することによってであった。では、それすらもない場合はどうなるのだろうか。知りうる発達早期の生育歴の中にそのような肯定的素材をまるで見つけられない場合はどう考えればよいのであろうか。

これに関しては、安易な楽観論を述べるわけにはいかない。実際の状態像として、援助が難しい子は多々いるからである。一般的に言っても、仁平（2014）は「多くのレジリエンス研究は、じゅうぶんなこころの健康の回復を達成できるのはむしろ少数派であることを示してきた」として、「それだけに、虐待や貧困、民族紛争など子どもの精神的健康を損なうものは初めから防止し、あるいはごく初期から支援をしなければならないのである」と、発達早期の環境条件を好転させることの重要性を説いている。裏を返せば発達早期の環境が逆境に曝されていた場合の厳しさを再認識させられる形となっている。

(2) 希望(肯定的な展望)の形成経路

発達早期の逆境がレジリエンスの発現に不利に作用するというのは確かであろう。しかし、実務においてはそのような事実を前にしても、希望(肯定的な展望)を失わないことが必要である。だから、こんなふうに考えてみたい。すなわち、その子どもが生きて目の前にいるという事実自体が、その子が肯定的な素材を何か得ていることの証左である、と。これは奇を衒った言回しなどではなくて、ごく単純で明白な事実である。もし一度もそれを得ることがなかったなら、人間の乳児は例外なく死んでしまうからである。したがって、記録や陳述という明瞭な形では残っていなくとも、また容易には見つけられなくとも、「誰の、どのようなかかわりがあったのか。何がこの子を今日まで生かしたのか」という観点を持つことが、肯定的な素材をなにがしか見つける際に有用であろう。多くの場合、今現在の子どもが示している「良いところ」を見出すことがその契機になる。先の事例でも、「この子は年下を苛めないね」という現在の美質への気づきが、「2歳くらいまではわりと可愛がられていた」という本児の得てきた肯定的素材に目を向かわせる契機となった。必ずしも具体的で確かな事実が過去の中に見つかるとは限らないが、子どもの美質をしかと見つけ、「この子には何か良いものが与えられていたに違いない」と実感をもって見なす(思い込む)ことができれば、それ自体が関わる者のモチベーションを支え、レジリエンス発現のための好条件となると考えられる。

したがって、見出す子どもの美質は何でも良いというわけにはいかない。あまりに現実の子どもの姿から遊離した、いかにもとってつけたような「良いところ」は関わる者の実感にそぐわず、子ども自身の反応も良くないため、思い込みを支えないからである。そう考えると、レジリエンスは発達早期の客観的な環境条件の事実もさることながら、現実のその子の姿に即した確かな「良いもの」をいかに見出せるかという、関わる側の力量に負うところも大きいと言えるであろう。

結局のところ、関わる者が希望を持てるかどうかは、客観的に見込める到達度より、その子の成長に対してどのような期待を抱き、いかなる目標を立てるかが大きいであろう。その子の現在の力量や状態像からかけ離れた高い目標を立てたのでは、肯定的な展望はもちえない。大それた成長は見込めなくとも、今のその子に対して望める変化はどのようなものか、現実的な期待を設定することが肝要となる。「発達の可能性への信頼は、すべての子どもの発達の条件を作り出す出発点である」と井上（1979）が述べたように、わずかなりとも発達することに信頼を寄せて関わることが、レジリエンスの発現の基礎になると思われる。

5　レジリエンスと精神発達

これまで述べてきたような、「『ある』ものではなくて、『ある』と見なす（思い込む）ことによって『あるようになる』もの」というレジリエンスがもつ側面は、実は人間の精神発達の根本的な機序と本質的には同じと考えられる。人間の「こころ」も、乳児の最初から成人と同様のものが「ある」のではない。養育者が乳児を「こころがある者」と見なし、「あぁ笑った。おしゃべりしてもらって嬉しいのね」「おや、淋しいのかな」「ごめん、ごめん！　お腹が空いて怒っちゃったよねぇ」など、さまざまな思い入れ（思い込み）を含みながら関わることによって「あるようになる」のである。その思い入れは当たったり外れたりするのが当然で、完璧な一致はありえないが、ほどほどの的確さが求められる。あまりに乳児の状態からかけ離れた的外れな読み取りが心を育てることにはならないのも、子どものレジリエンスの場合と同型である。

以上、レジリエンスと精神発達全般との本質的なつながりについて触れたが、考えてみれば、乳児にとって逆境とは、何も貧困や虐待、紛争地域のものだけではないであろう。「そもそも人間の赤ちゃんの世界は一般に考えられているかもしれないよりは、よほど複雑で大変なストレスに満ちたもの」であり、「さまざまの状況が次々と一方的に展開されてゆくものですから、赤ちゃんは例外なく圧倒的な体験を余儀なくされ、そのために心に傷を数限りなく受けてゆくしかないものと考えられます」と小倉（2006）が述べるように、人間の乳児にとって、胎外環境とは基本的には例外なく逆境であろう。小倉は引用したこの箇所に続けて「虐待はそのもっとも極端な例」と表現している。すなわち、虐待を「健全で幸せな養育」に対置させるのではなく、すべての乳児が本質的に曝されている逆境の延長上にあるものと位置づけている。実際、乳児にとって外界は、ある条件を欠いた場合はまさに致命的となる。その条件とは、「養育者が傍にいること」である。そして、これが逆境に抗うための条件ともなる。養育者が乳児に惹きつけられ（乳児は養育者の関心を呼び込み）、乳児の様子を養育者は何かと見なし、思い入れをもって関わり、その思い込みを含んだ関わりに乳児が反応し、その反応を養育者は何かと思い見なし……という連鎖の中で心は発達していく。それが逆境に抗う力であり、また当初の逆境をむしろ糧として取り込みながら生きることに他ならない。

したがって、レジリエンスとは実のところ、何か特殊な力というより、人間が発達すること、あるいは発達する力そのものを、「逆境からの回復」という特化した文脈において強調した呼び名ではないかと考えられる。ゆえに、子どもの育ちには何が必要かということに関する学問諸分野のこれまでの蓄積を精査することが、今後の子どものレジリエンス研究においても有益と考えられる。

※引用文献

井上健治『子どもの発達と環境』１９７９年、東京大学出版会

Mark W.FraserRisk and Resilience in Childhood: An Ecological Perspective 2nd.NATIONAL ASSOSIATION OF SOCIAL WORKERS, INC. Washington DC U.S.A（2004）（門永朋子、岩間信之、山縣文治（訳）『子どものリスクとレジリエンス―子どもの力を活かす援助』２００９年、ミネルヴァ書房 p33

森茂起「「折れない心」はどのようにして育つのか」『児童心理』２０１１年1月号（№９２５）、p10―17

中谷素之「困難から回復する力　レジリエンスを育てる」『児童心理』２００９年1月号（№８８９）、p65―70

仁平義明『ほんとうのお父さんになるための15章―父と子の発達心理学』２００２年、ブレーン出版

仁平義明「レジリエンス研究の現在」『児童心理』２０１４年8月号（№９８９）、p13―20

小倉清『小倉清著作集１・子どもの臨床』２００６年、岩崎学術出版社

小塩真司「回復力、弾力のあるこころ―レジリエンスの心理学」『児童心理』２００９年4月号（№８９３）、p24―28

滝川一廣「愛着の障害とそのケア」『そだちの科学』7号、２００６年、p11―17

第4章　「試し行動」は「試して」いるのか？

はじめに

「試し行動」という言葉をご存じだろうか。一般の方にはあまり馴染みがないかもしれないが、社会的養護の分野では子どもがある文脈において示す行動として、わりとよく使われる。この言葉がいつ頃から使われるようになったのか、また、誰によってどのような経緯で生み出され、どんなふうにこの分野に迎え入れられたのか、正確なところを私は知らない。だが、この言葉が使われている歴史は10年や20年は下らない。それだけ使われ続けているのは一定の妥当性や有用性があるからに違いない。誰の実感にもそぐわず、誰の役にも立たなかった言葉なら、早々に廃棄されていたはずである。

しかし、私自身はこの言葉にどうも馴染めずに今日まできた。「試し」というと、なにやら子どもの側に「試してやろう」という意図や策謀があるかのようで、使われ方によっては挑戦的ですらある。それが私にとっての違和感であった。私の目には、多くの場合、子どもはそんなふうに考える余裕などなく、それしか知らないから、あるいはそうせざるをえないからしている、と映るからである。また、「試し行動」というとらえ方が事態の好転や緩和に貢献せず、むしろ泥沼化に寄与してしまう場合があると感じているからでもある。

この章では、まず「試し行動」とは一般にどのようなものとして理解されているかを確認する。そして、その言葉によって事態を理解することの功罪両面を考え、否定的影響を与える例について言及する。最後に、それをどのように見極めていくかについても触れる。

「試し行動」の描かれ方

私見だが、子どものケア現場の中で「試し行動」という言葉が使われる代表格は里親養育だと思う。なので、ここでは里親養育における「試し行動」の典型的な描かれ方を見てみよう。

庄司（２００６）や津崎（２００８）によれば、「試し行動」は里親家庭への一連の適応プロセスにおいて出現する子どもの行動として位置づけられている。このプロセスはもちろん個々によって違うが、あえて図式的に示せば、①緊張と不安の時期、②一応の安定感が獲得される時期、③愛情確認の時期、④家族としての安定した関係が成立する時期、と分けられるという。「試し行動」はこの流れの中で、③の時期に現れるとされる。すなわち、不安や緊張の中で「良い子」を精一杯やる時期がひと段落した後に、赤ちゃん返り、おんぶや抱っこをはじめとする際限のない要求、乱暴な言動やわがままなど、里親を困らせるような行動が続くというのである。里親向けのテキスト（全国里親会、２０１２）には、この時期についてこのように書かれている。「これらを『試し行動』といいます。新たに生活を共にすることになった里親がどこまで自分を受け入れてくれるのかを無意識のうちに試していると考えられます」。そして、「こうした時期を乗り越えると、いつの間にか、気がついたら、子どもとおだやかにすごしている」のだと言う。

要するに、「試し行動」とは、里親との関係がある程度進んだことを基盤として愛情を確認するために起こす「困った行動」のあれこれであるが、一過性のものであり、無理に止めさせようとしたりしつけようとしたりせずともしっかり受け止めていればやがて収まっていくものである――以上が「試し行動」の一般的な理解と言えるであろう。

「試し行動」という言葉の功罪

子どもの示す際限のない「困った行動」の数々は自分だけに起きている問題ではなく、他の人も経験する半ば必然的な「現象」であること。そこには「存在を丸ごと受け止めて欲しい」というメッセージが含まれていると考えられること。今起きていることは一つの段階なのであって、その先には希望があるらしいこと。……これは、それを知らずに日々の「問題」に苛まれていた多くの里親にとっては福音であったろう。理解不能なものが理解可能となることがまず大きい。そして、「自分の育て方のせい?」「永遠にこれが続くの?」という自責や先の見えなさに対して、里程標や海図のように里親を支えたと考えられる。

しかし、良いことばかりではなさそうである。まず一つは、試されるのは「愛情」であるとしたこと。もう一つは、「受け止めていれば（必ず）安定する」と受け取られがちなことである。この認識に従えば、いつまでも「試し行動」が続くのは愛情や受け止めが足りないから──「受け止める」とはどういうことなのか十分吟味されないままに──という理解一本になり、問題の性質や構造を検討する視点は失われてしまう。結果、「もっと受け止めてあげて」といった反論しがたい「正しさ」の前で立ち尽くすことになる。実際、受け止めようとしてもできず、また思うように愛することもできず、そして「困った行動」は止まず、苦しむ里親は多い。多かれ少なかれ施設の職員にもそういうことは起こる。

問題はまだある。それは、「試し」という言葉自体である。先に引用したように、「試し行動」は本来「無意識のうちに」との含みを持っている。しかし、日常語としての「試し」という言葉には、「意識的に予測し、調べる」という意が含まれているのが一般的であろう。冒頭に述べた、私のこの言葉への馴染めなさはここから来ている。だが、私に限らず、この〝意識的に〟という語感に引っ張られる人はいるのではないか。それがなぜ問題なのかと言えば、時に、子どもの心の内に（切実なメッセージを読み取るよりも）悪意や策謀を見て取る私たち自身の傾向が助長されるからである。

「試し行動」の「試し」とは、発達論的に言えば、新しい環境が自分に対してどのような反応を返してくるのか、生きていくための「探索行動」をしているのだと考えられる。だが、「愛情を試している」と思うと、養育者側としては、人間としての出方や資質が査定されている、といった受け取り方に傾いてしまう。つまり、本来「試行錯誤」であるはずのものが「試験」として認識される色合いが強まる。特に、濃密にもつれた二者関係の中では、人は双方被害的な気持ちになり、相手の中に悪意を読み取りやすくなるものである。そのような中での「試し」という言葉は、「わざと自分を困らせて反応を楽しんでいる」という解釈を招き寄せるのに一役買うことにもなりかねない。そうなると悪循環である。実際、稀ならずそういうことは起きる。もちろん、意図的な試しも皆無とは言えないだろう。だが、自分の行動の「本当の理由」など、当の本人にも分かっていないことが多い（私たち大人だってそうではないか？）。大抵はせいぜい「半ば意識的に、半ば無意識的に」くらいであろう。

「試し行動」という理解が泥沼化につながる場合

なかなか止まない「困った行動」を、「試し行動」として理解していくことは、時に、事態を破壊的な方向に導く場合がある。

というのは、子どもによっては、「困った行動」をすればするほど、「破壊的に振舞う自分」という自己概念や「人（世界）は自分を叱責し疎んじるものである」という世界認識を強固にし、のみならず、そのような自己概念や世界認識（予測や期待）に沿うように状況や環境を作り上げる傾向を強めてしまうことがあるからである。第1章でも述べた、次のようなパターンである。

特に何事もない平和な場面。なのに、小さい子に足をかけたり、大きな物音を出して威嚇したり、ちょっかいをかける。小さい子は嫌がって泣き、大きな声を出す。すると、「てめえ、なんか文句あるのか！」と激高し、手足を出す。弱い子を放っておくことはできないので大人が止めに入る。暴力や暴言を出し、さらに暴れる。物が壊れたり怪我人が出たりする。その喧騒から何とか切り離してなだめるとケロッと「何事もなかったよう」になる。そして、平和な場面。なのに小さな子にちょっかいをかけ……以下、同じようなことの繰り返し。だが、その激しさは回を重ねるごとにエスカレートする……。

そのさまは、まるで火のないところにわざわざ火種を起こし、火中に飛び込んでいくかのようであった。こうした喧騒、そして敵意や嫌悪を含んだ周囲のまなざし、それこそが自分の生きてきた環境であり、その中でしか「自分」を実感できない、そんな様子ですらあった。たしかに、そのような行為の中にも甘えの欲求を見て取ることはできた。だが、いくら繰り返そうとも、それは満たされて次のステージに進むような性質のものでは決してなかった。むしろ繰り返すほど「破壊的な自己像」に馴染んで混乱していくようだった。

この子の場合もそのような「自己確証過程」的な理解（第1章参照）が妥当と思われた。私たちがもっぱら力を注いだのは、児童相談所や学校など他機関とも協力してチームを組み、限界設定の明確化や誘発刺激の低減など、環境調整を通して「困った行動」（暴力）が生じにくい工夫をし（つまり、「暴力を振るう自分」という自己認識から遠ざけ）、かつそれを維持することであった。維持と一口に言っても、「うまくやれる自分」「そのほうが周りからもいい顔をされる」

「そのほうが居心地がいい」「そうありたい」という自己概念が定着するところまでたどり着かねばならないのだから、行きつ戻りつを繰り返しながらの気の遠くなるような作業である。要するに、私たちは「試し行動」的理解とは真逆の方針を採ったことになる。すなわち、なるべくその行動を受け入れないようにして子どもの自己概念や世界認識の確認を阻止し、〝ああいう自分より、こういう自分のほうがいいのだ〟という実感を得させ、定着させていく、という流れである。

その時期をどんなふうに生き延びるのか

どのような場合に「試し行動」として理解してよいのか、どういうときに違う観点を採ったらいいのか、本来、この拙文に期待されているのはその判別基準や勘どころなのであろう。だが、文章という媒体で何か法則めいたものを一方的に述べることはいささか危険な気もする。結局のところ、生育歴やそれまでの経過など種々の情報をもとに、あくまで子ども一人ひとりに即した理解をその都度構築していくほかないと私は考えるからである。

ただ、いくばくかの経験や人格発達の理論から推測されることを述べると、典型的な「試し行動」の経過をたどる例は、社会的養護の場にやってくる以前の胎生期・乳児期のケアが比較的なされていたと想像される。人格の基底部分が相対的に安定していると言えるかもしれない。一方、例に挙げたような、揺るぎのない（しかし強圧的ではない）枠組みで「困った行動」を抑制させせつつ、「良い世界とはどのようなものか」を体感させるところから始める必要のある子は、そこが相対的に脆弱なのかもしれない。乳児期早期からのネグレクトや虐待があり、その手当てが幼児期までになされていないような子にそのような印象がある。だが、先に述べた通り確定的なことは言えない。大切なのは、「試し行動」であれなんであれ、分かりやすい標語に飛びつかず、複数の〝読み筋〟を持てるようにすることだと思う。子どもの言動を「～としか考えられない」時は対応も硬直化したものになりやすいからである。

もっとも、「試し行動」という理解に基づき対応していた方々も、ひたすら忍の一字で「受容」に徹していたわけでは必ずしもないと思う。実際の具体的な毎日は、いい加減にしなさいと叱ったり、もう嫌だという顔をしたり、さまざまな揺らぎがあったはずだと思うし、それでよいのではないだろうか。子育てという営みは、そのような振れ幅を許す全体性に護られながら、その時期その時期をどうにか（養育者、子ども双方）生き延びる過程の連続なのだと思う。

※文献

数井みゆき・遠藤利彦（編）『アタッチメント　生涯にわたる絆』２００５年、ミネルヴァ書房、ｐ１５４

庄司順一「里親とのきずな」『そだちの科学』7号、２００６年、日本評論社、ｐ49―54

全国里親会（編）『改訂版　養育里親研修テキスト』２０１２年、ｐ42

津崎哲郎「里親と子育て論」『そだちの科学』10号、２００８年、日本評論社、ｐ61―65

第5章　薬の力と人の力
――施設職員としての経験から

はじめに

児童養護施設で暮らす子どもで、向精神薬を飲んでいる子どもがいる。10年前、20年前に比べてどうなのか、地方と都市部ではどう違うのか、あるいは一般家庭の子どもに比べるとどうなのか、正確な統計を私は知らない（おそらく存在しないのではないか）。だが、私の施設でも、だいたいいつも数名はいる。

このように薬を服用している子どもは複数いるわけだが、正直なところ、薬だけで事態が良くなったという実感は持ったことがない。しかし、では薬などなくても良いと思っているかというと、そんなことはない。薬理作用そのものも大事だが、薬以外のものが頑張り続けるためのお守りみたいなものとして、大切だと思っている。

ここではこれまでに私が施設の心理職として経験した、精神科の薬と子どもにまつわる思い出の断片を記してみたい。それにより、薬によってできることとできないことが浮かび上がってくればと思う。

例1：「薬飲まないとバカになっちゃうんだからね！」

統合失調症を発症したA君は、近隣にある精神科クリニックに通っていた。医師のキャリアは成人中心だったが、A君はデイケアにも登録し、最年少であるということで可愛がられ、喜んで通っていた。しかし、数カ月経つうちに彼を可愛がってくれた当初のメンバーが次々といなくなり、折しもスタッフの入れ替わりも重なり、彼は次第に通うのをおっくうがるようになった。外来には行っていたが、予約時間をすっぽかしたり、かと思うと悪びれもせず診療終了ぎりぎりにやってきたりすることが度重なった。診察時も自分勝手としか見えない態度が続き、感情を爆発させることもあったので、医師からは「厄介な患者」と思われているであろうことが伺われた。薬の調整が幾度かおこなわれ、メインとなる薬が変わった。

あれこれ薬が調整されても彼の日常生活の様子はよくならなかった。むしろだんだん悪くなった。口数や笑顔が減り、服装への気遣いも減り、部屋からはえもいわれぬ臭いが漏れてくるようになった。秒数を測りながら咀嚼をし、白い手袋をはめて冷蔵庫やドアの取っ手を拭いて回る行為が強まっていく姿は他児にしてみれば（職員にとってもだが）異様だった。食事量は増えているのになぜか痩せていった。職員は少しでも本人の気分が変わるよう食事や買い物に連れ出したり、ただなんとなく一緒にテレビを観たり、あれこれ考えながら付き合っていたが、はかばかしい展開はなかった。もうこの流れは変わらないのだろうかと、出口の見えない穴に取り込まれそうになりながら、ただ一日いちにちを騙しだましやり過ごすだけの日々が続いた。

もう入院しかないかと思われたころ、そう遠くないところに児童精神科医が開業したと聞きつけ、まずは職員だけで、ついで本人も連れて行ってみることにした。ちょうど、もとのクリニックの医師からは「この人は診察に来ても全然しゃべらないので治療になりません」と匙を投げられたところだった。しかし、新しい医師のところでも彼はほとんどしゃべらなかった。薬の処方もしばらくはそのままだったが、何度目かの診察のある日、医師は真剣な態度で明確に、それもかなりの勢いで叱った。「あなたね、薬ちゃんと飲んでないでしょ！　飲みなさい。薬飲まないとバカになっちゃうんだからね！」あまりの勢いに私たち職員も度肝を抜かれた。そんなこと言っちゃっていいの?!

だが、振り返ってみるとこれが転回点だった。ほとんど表情の動かなかった彼の中でこの言葉がどう響いたのか、本当のところはよくわからない。しかし、この後少しずつ、彼の固まったような状態は明らかにほぐれていった。メインの処方が変わったのは意味があっただろう。だが、なにより彼がそれを受け入れたこと自体が大きかった。なぜ受け入れたのか？　医師はもちろん叱りつけるだけの人ではなく（あの勢いは後にも先にもあれ一回だった）、A君の苦しみを深いところで理解する人でもあった。そのような医師の姿に私たち職員が信頼を寄せ、希望を持ったのも無視できない。転院するタイミングもよかったのだろう。事態が動き始めたのは、これらすべてがより合わされてのことだと思う。

例2：薬なんて何の役にも立たなかった、のだろうか？

中1のBさんは日々暴言や暴力が絶えず、一向に収まらないのでついに薬物療法を試みることになった。もともと幼児期からの虐待ケースとして入所してきたので、刺激への反応のしやすさも、衝動性の高さも、暴言・暴力への親和性も、「そだちの問題」として一応は説明がついた。だから、「なんとか育てましょう」と数年を過ごしてきたのである。特定の大人との一貫した関わりの中で信頼関係を築こう。学習の遅れを少しでも補い自信を持てるように、個別に関われる環境を整えよう。料理の手伝いやお菓子作りなど、本人が好きなことをサポートすることで人といい時間を過ごせる体験を積み重ねよう。…これらはたしかに穏やかに一定時間を過ごすたしにはなった。しかし、全体として落ち着きが得られたかというと、そうは言いがたかった。私たちにしてみれば、他にもう打つ手がない、といった心境の中での受診だった。

しかし彼女のほうはと言えば、そんな私たちの心境をよそに、初診のときからまことにふてぶてしい態度だった。医師の言うことに逐一「あ?」と挑発的な言い方で返し、「薬なんて飲まない」と横目でにらんでいた。本人の願いと薬のベクトルが一致していないことには薬効は覚束ない。それは私たちにもわかっていたから、「本人の願い」を形作る作業にはそれなりの時間をかけたつもりだった。「イライラして物や人に当たっちゃう自分と、大人と一緒におやつとか作ってニコニコしている自分と、どっちが好き? ニコニコのほう…でしょ? 今は自分だけの力じゃイライラを止められない…よね？　しばらくお薬の力を借りてみようよ」。受診前に彼女は一応はうなずいたが、そんなやりとりなどどこかに吹き飛んでしまったようである。目の前の彼女は眉間にしわを寄せて殺気立っていた。

それでも医師の説得もあり、ものは試しということで薬を飲むことになった。初めの一カ月くらいは、「お、薬ってやっぱり効果があるのか？」と思うほど大人しくなった印象だった。だが、しばらくするとやはり大きくは変わらないことがはっきりし始め、本人も「こんな薬飲んでも意味ねーんだよ！」と言うようになった。逆に「薬はウチの邪魔してる！　押さえつけられるんだよ！」とも言った。「飲まない！」／「飲みなよ」の押し問答の不毛さはどの職員も感じていたが、一縷の望みとして始めたのにそう簡単に降りるわけにもいかず、何とか飲むようはたらきかけ続けた。本人も一貫して拒否していたわけではなく、思い立ったように素直に飲んだり、しかしやっぱり飲まなかったりを繰り返し、そのうちに結局は飲まなくなってしまった。薬物療法は沙汰止みになった。この間、彼女のイライラしやすさに変わりはなかった。

転機は中2になる時だった。女子バレー部に誘われたのである。顧問の先生はこわもてだが筋の一本通った人で、本人の性質を理解しつつも安易な迎合は決してしない人だった。「あなたは私がバレー部で面倒見る。これ以上施設の中で乱暴したら、もう施設にいられなくなるかもしれない。そうしたら私が面倒見られなくなる。だから暴力はダメ」と言い切った。彼女は恐れもあったろうが、どこかハートをつかまれたようである。その後ももちろん踏み外すことはたびたびあったが、その都度叱られたり褒められたりするうちに施設の中でも逸脱は減り、イライラする自分を客観的に振り返ることができるようになっていった。

薬を飲まなくなってから始めたバレー部が転機になったことを思うと、薬ってなんだったんだろうと思う。薬をめぐるやりとりの不毛さがなおのこと際立つ気がしてしまう。しかし逆に、そのプロセスがなく、いきなりバレー部に誘われたとして、同様の状態が出現しただろうか？　それもちょっと疑問に思う。薬はあのときは「VS大人」の象徴でしかなかったろう。しかし、あの不毛なやり取りもまた、おやつ作りや毎日の食事、お風呂などの無数の営みと同じように、「この施設で生きていく」という覚悟を彼女が作ることにつながる一つのプロセスではなかったか。

例3：そこには薬の力は届かないかもしれないが

小3のCちゃんは多動はさほどでもなかったが、どこかいつもせわしなく、小1のころから落とし物や忘れ物が絶えなかった。そのはなはだしさに、ＡＤＨＤでは？と思う職員も複数いた。しかし、まだ1年生ということで学校の先生も丁寧に手をかけてくれており、その中でできるようになることもいくつかあったので、環境調整を第一にした上で、それでも同じ傾向が続くようなら医療機関での対応も視野に入れよう、それまでは様子を見ようということになった。

2年、3年となり、はたして同じ傾向は続いていた。漢字や算数のプリント類を見ると、同じくらいの難易度の問題でもパフォーマンスに大きな波があった。調子の良い時はそれなりに正答できているが、気持ちが向いていない時の文字はメチャクチャで、問題文さえ読んでいないことが明らかだった。一応、ＩＱは標準域にあるのに。もしかしたらこの子は、学校で注意をひとところに集め続けることに過大な労力を費やしているのではないか。薬の手助けでそれがもう少し楽にやれるようになれば、身に付けられることも増えるのではないか。私たちはそう考え、児童精神科を受診し、薬物療法も試みることになった。本人への説明も大体上の通りに行ない、本人はこれといった抵抗感も見せずに通院をすることになった。

担当職員によれば、服薬による注意力、集中力の改善は、正直なところよくわからないということだった。字は以前より落ち着いて丁寧に書けることが増えた。しかし、計算はつまずきが目立つようになってきた。薬を飲んでいても話や指示がまったく耳に入っていない時もあれば、薬を飲んでいなくてもわりと入りやすい時もあるという。ただ、総じて言うならば、やはり飲んでいる時のほうがベースとしては良い状態のように思う、とのことだった。

私も概ね同様の感想だったが、これとは別に、私はＣちゃんに対してある恐れを持っていた。彼女と私は一対一で個別にお話しをしたり遊んだりすることがあるのだが、その中で、私にとっては言いがかりとしか思えない理由でせきたてるように責め続け、支配下に置こうとすることがあるのである。ほとんど前触れなく、突発的にそういうモードに入る。彼女は乳児期、前触れなく激高する実父の下でネグレクトに近い状態だったという。再婚相手の養母からはほとんど生理的に毛嫌いされていた幼児期だったともいう。彼女の中にはその時からの深い深い底知れない怒りのようなものがあって、マグマが地下でふつふつとたぎっているように、どこかでそれを持て余していると思われてならなかった。

薬は集中しやすい脳内の条件を多少は整えてくれるのかもしれないが、そういう深い深い怒りには届かないのではないか。ADHDを中心に考えるのがそもそも間違っているような気もした。だが、ダイレクトには届かないとしても、ともかく何らかの意味での落ち着きに貢献しているなら、「人」がそこに向き合う手助けにはなってくれるかもしれないと思い直し、通院を続けた。薬効は正直よくわからなかったが、本人自身が「飲んでいるときのほうが調子がいい気がする」との実感をもっていたので、そこそこ意味はあったのだろう。だが、それよりも大きかったのは、通院のために一緒に出掛けたり、日々の調子を気にかけたりするやりとりによって培われた、Cちゃんとの親和的な時間だったような気もしている。

まとめ

児童養護施設において服薬している子どもの数が増加しているとすれば、その要因は統合失調症やうつ病ではない。注意散漫、落ち着きのなさ、衝動性のコントロールの悪さ等の「症状」である。近年の児童虐待や「発達障害の増加」を背景としていると言って間違いないだろう。これらの「症状」は脳の機能不全によってもたらされていると一般には言われており、実際そういう側面はあるだろう。だが、注意集中にしても、落ち着きにしても、衝動性のコントロールにしても、勝手に生えて育つのではなく、本質的には養育者とのかかわりの中で獲得されていく力だという側面もある。「症状」はその獲得の遅れや期待値までの届かなさだと言える。したがって、対応が薬だけでは不十分なことは当然の道理である。向精神薬の伝統的な対象である統合失調症やうつ病の治療においても薬が担えるのはごく一部分であろう。とすれば、そだちにまつわる「症状」においてはなおのことである。

本稿では薬のみの不十分さをいろいろな場合について述べた。薬の変更が大きな役割を果たしたと思われる局面でも、そこには「人」の要素があった。また、薬そのものは何の役にも立たないと思われる例もあった。人間の根本にある情動に薬は届かないのではないかという思いが拭えないこともある。けれども、上に挙げたケースにおいて、「人」だけで太刀打ちできたのか、薬があるという心の支えなしにあの時期を通過できたのか、今後もできるのかと問われれば、答えは否である。薬理作用そのものは効果がないように思えるときでも、薬について、薬を飲むことについて、さまざまな思いを交錯させながらやり取りを重ねること自体が大事な歴史の一部になり、それがその後の展開の土台になるという場合もありうると考えている。薬と人、双方が補い合って力を発揮できるよう、薬と付き合う術を探っていきたいものだと思う。

第6章 「解離かもしれない」と思ってみることの効用

はじめに

児童養護施設には、虐待を受けた子どもが多くいる。虐待とトラウマ、トラウマと解離は縁が深いので、児童養護施設で暮らしている子どもに結構たくさん解離が起きていると考えるのは、順当と言えるだろう。昨今では職員研修の機会も多く、児童養護施設においても解離という言葉を知らない職員は少数である。だが、実際のところ、私たち職員がどれだけ正しく解離を理解しているかとなると心許ない。残念だがそれはある程度仕方ないことである。大抵の施設職員は、今、目の前で起きている子どもの様子に対し、「ひょっとしたら、これがあの、研修で聞いた解離と呼ばれる状態では?」と推測するだけであって、解離症状に精通した人が傍にいて、「これは解離だね」「これは違うね」と実地で教えてもらっているわけではないのである。比較的その手の勉強を多くしていると目される心理職も、その実、そんなに大差ないのではなかろうか。

そんなわけで、平均的な児童養護施設職員においては、解離という言葉は「昨晩、A君が解離しました」などの確信的な表現として用いられるわけではない。「これって解離ですかね?」「解離って言ってもいいんじゃない？」「やっぱり解離かねぇ…」などのように、いぶかしがりながら推し量る言葉として使われるのが大半である気がする。

しかし、そのようなレベルでも、解離という視点を持っていることには意味がある。本稿では、そのようにいくぶん曖昧な、しかし日常的に出会う「解離的な様子」をおもに取り上げ、多少なりとも解離について知っていてよかったと私が思うことを述べる。そして、解離に対してどう臨むのが良いか、私が指針としていることも述べたい。

解離という視点をもつことの効用

児童養護施設の職員として仕事をする上で解離という現象を知っていてよかったと思うのは、この視点を持つことによって、子どもの言動に対する見方がガラッと変わることである。素朴な常識の適用では見誤ってしまうことを補正してくれる。

たとえば、こんなことがある。養父からの身体的・心理的虐待で施設に入所して1年が経つ小2男子のA君が、小1のB君とのいざこざが昂じてノートを破いてしまった。買ってもらったばかりの新しいノートを破かれたB君は泣いて職員に訴え、その訴えを聞いた職員はA君および周囲の子どもたちから話を聞き、そのうえでB君に対して謝らせた。A君は多少は渋ったが、わりと素直謝ったという。そこまではよかった。だが、問題はここからであった。

謝罪させた後、職員はA君だけを残し、文字通り真正面からA君を見据え、やっていいことと悪いことの理非を強く説いたのだという。「でも」と、ここで職員は嘆息するように言った。「A君は私が本気で話をしているのに、その最中に、気のない顔で何度もあくびをするんですよ」。

さて、あなたはA君の態度をどう思うだろうか？

例を挙げた文脈からして、これを読んでいる方は「解離なんでしょ？」と予期していることだろう。しかし、実際に事態のただ中に身を置いていると、大抵の人はそうは思わない。普通は「こっちが真剣に話をしているのに！　真面目に聞いてんの⁉」と思う。かく言う私も、この顚末を職員から聞いている最中には「あちゃ〜、あくびかぁ」と、まずは思った。しかし、A君の入所経緯（大人の激しい怒号と子どもの泣き声をきっかけとした、度重なる近隣通報）や、過去の例（昔、正面に座って真面目な話題を振ったとたんにあくびを連発する子が何人かいたなぁ…）などを思い返すうちに、もしかしたら解離かも…？と思い至ったのである。解離だと見なければ、A君の態度は不真面目でふてぶてしいものとしてさらなる説教の対象となる。解離と見れば、A君の態度は過剰な負荷に怯えているものとしてケアの対象となる。このように、解離という視点を持つことによって見立てと方針がガラッと変わる。

誤解しないでいただきたいのだが、ここで私は「これは解離です」と〝子どもの真実〟を代弁したいわけではない。「ふざけているとか、大人を舐めているとか、反省していないなどという見方は、知識が足りないゆえのマチガイです」と〝周囲の無理解〟を糾弾したいわけでもない。私がここで述べたいのは、「これは解離かも？」と思ってみることで、腹を立てる度合いが減ったり、子どもに対する一本調子な勢いが和らいだりして、要はこちらの視野と余裕が広がることがある、ということである。これが解離という視点を持つことの効用だと私は考えている。

対応原則「解離には解離で」

なぜ、こちら側の視野と余裕が広がることが「効用」と呼べるのか。それは、解離への対応を考える際に私が指針としていることに関係している。解離への対応原則とは何か。これはもう決まっている。「解離には解離で」、これに尽きる。これ以上のキャッチフレーズがあるだろうか？私はもう長らく、馬鹿の一つ覚えのようにこの標語を唱えてきたし、周りにもそう言ってきた。結構気に入って覚えてくれた同僚もいる。

「解離には解離で対応しなさい」とは、解離に対する原則として精神科医の青木省三が若いスタッフに言ってきたことである（青木、２００４）。青木によれば、「解離症状に着目すればするほど、解離症状が完成していくということをしばしば経験」するという。「自分がそこに関心を持ち、治そうという意味もあるとは思うのですが、それだけではなく少し興味を持ち症状を聞くということが実は症状を完成させていく」と。ゆえに、「患者さんがぼーっとしているときには私もぼーっとすることにしていまして、みんな段々、解離には解離ということでぼーっとしていった」のだという。

だいたい、なぜ解離が起きるのかと言えば、それはこころを護るためであろう。通常の対処方略では耐えきれないほどの破壊的な出来事を前に、逃げ切ることも闘って切り抜けることも到底叶わない状況において、せめてこころだけは護るべく作動するのが解離という機構だと考えられる。そこまでの状況ではないはずの日常においてそれが作動（誤作動）してしまうのが解離「症状」なのだとすれば、これが起こるときには、かつて解離を必要とした状況と類似の雰囲気や兆候を——類似と呼ぶにはあまりに微細な場合があるとしても——感知してしまっている可能性がある。自分を苛み、追い詰め、脅かす状況が強まり、それへの脅威に焦点が絞られるほど解離はより必要になるだろうから、これが生じたときには、「逃すまじ」と迫る勢いを強めるのは逆効果となる。なるべく状況全体をぼんやりと眺め、「あの時と似ているかもしれないけれど、今はそれとは違って安全であり、安心できるのだ」という体感を相手に持ってもらうことがまず何よりも必要となる。あくまで感覚的な話だが、車で運転しながらだとわりと穏やかに子どもと話ができる、という経験知を持っている職員は結構たくさんいる。目指したいのはその時のような雰囲気である。つまり、面接室で直に顔を向き合わせるよりも、車の中で職員、子ども、それぞれが何となく前方を眺めながらぼんやりと話題を浮かべる心持ちでいるほうが、多少深刻味のある話でも、ほんのりと護られた気分の中で話ができる、あの感じ。

だから、「解離には解離で」というのは実に理に適ったことだと思う。子どもが解離的状態を呈するのは、子どもからすれば負荷の高い場面、大人からすれば日課や課題など、何かやらなければならないことをやるよう仕向けたり、過ちを正して反省を促したりする場面がどうしても多くなる。ゆえに、解離だと思わなければ、逃れさせまいとする追及の鉾先はより鋭く強く尖ったものになりやすくなる。そうなると解離はより強固にならざるを得ず、事態は悪化する。したがって、「もしかしたら解離かも?」と思ってみることで視野と余裕が広がることが、状況を取り巻く雰囲気を緩めることに貢献するのである。

先の例で具体的にいえば、あくびを連発するなどしてこの場に気のない様子が見られたら、〝その場で「分かりました」と言わせたい〟こちらの欲望とはなんとか折り合いをつけ(「分からせようと思ったら負けなのよ」と私はある精神科医に教わった)、大人として言っておきたいことを一言二言伝えるだけにして、「はい、じゃあ今は、おしまいね」とその場は早々に、だができればソフトに切り上げる。その場はそれでおしまいになっても、子どもは案外――それまでに作ってきた関係性にもよるのだろうが――大人が大事だと伝えようとしたことは汲み取ってくれている場合が結構ある。実際A君も、その日の夜、寝かしつけの時間になってやって来た担当職員に、しんみりと「今日はごめんなさい。明日は頑張る」と言ったという。担当職員と良い関係ができていたのと、担当職員が嘆息しつつも日中深追いしなかったのが良かったのだと思う。

「途切れ」や「断絶」が解離の本態だとするならば、それが発動しなくて済む条件を探りながら次の機会への「つながり」を作り、ストレス状況を誰かと緩やかに抱える「持続」を試みるのが勘所といえるかもしれない。さっさと切り上げることによってつなげるとはいささか逆説的だが、要は「その時、その場だけ」で勝負をつけようと力瘤を入れすぎないのが大切なのだと思う。視野と余裕が広がることに意味があると考える所以である。

「それは本当に解離なのか」という問題について

「本当に解離ならそうかもしれないが、実はそうじゃない場合もそれでいいのか」との意見もあるだろう。この問題は、本気で掘ると根が深い。そもそも解離症状は、「ほんのついさっきのことなのに忘れちゃってる」とか「交代人格がいる」とか、通常の感覚ではいささか信じ難いエピソードで彩られることも多いので、歴史的にも「嘘だぁ、そんなことあるもんか」と疑いのまなざしを向けられるのが常であった。ここで問題になるのは、解離なのに解離ではないと思ってしまうデメリットと、解離ではないのに解離だと見なしてしまうデメリットの秤量といえようか。

A君のような説教場面を例にとれば、確かに、「忘れた」「分かんない」などは解離などなくても、何かまずいことをしでかした子どもの言い訳の定番である。それをその都度ただ鵜呑みにするだけでは大人の役割を果たしているとは言えない、という側面はある。この場合、「解離ではないのに解離だと見なしてしまうデメリット」を挙げるとすれば、嘘や言い逃れが通用する誤学習ということになろうか。しかし、実際には「解離ではないのに解離だと見なしてしまう」ことはあまりない気がする。もし仮に一、二回そういうことがあったとしても、毎回「解離だ」と見なすことはほとんどない。「忘れた」「覚えてない」が嘘や言い訳である場合は時間の経過とともにどこかで綻びる。したがって、大抵は誤学習として定着するまでには至らないと思う。

対して、「解離なのに解離ではないと思ってしまう」ことは、しばしばあると思われる。たとえば、先にA君が夜になって「今日はごめんなさい」と言ったと述べたが、「そんなふうに覚えているなら解離じゃないだろ」と思う人もいるかもしれない。だが、「完全健忘が解離である、と思っていると、何となく覚えていて、振り返りの時に何となく答えたりしている子に対しては、解離ではない、といった誤った判断をしてしまいます」と古田（２０１７）が述べているように、すっかり意識が飛んでしまっていたり、きれいさっぱり記憶がなくなっていたりするものだけが解離とは限らない（そういった教科書に出てくるような「キレイな解離」はむしろ少ない気がする）。

このように、解離に対する理解が不十分なゆえに「解離なのに解離ではないと思ってしまう」ことは随所でありそうである。実際、古田（２０１７）によれば、解離の症状は多彩であり、「それを知らずに大人が注意したり、周りからバカにされたり、嘘つきと誤解されたりすることが多い」という。そして、「怠けやふざけ、嘘つきのように見える症状が、実は解離症状の一つであり、それに対して怒ることは、虐待の再現になる」という。このデメリットは、より深刻であろう。

私にも苦い思い出がある。もうずいぶん前、中学生女子がある職員に厳しく叱責される場面に遭遇したことがある。その子がやったことは叱責されても仕方ないといえる内容ではあった。叱責に対し、傍目には神妙にしているようにも見えた。だが、なかなか終わらない。そしてやがて、お説教が続く中で、彼女は職員からなされたある詰問に対してこう言ったのである。「あの、ウチ、今自分がどこにいるのか分からなくて……」。オドオドとではあったのだが、これが火に油を注ぐ形となった。遠巻きに見ていた私も、「どこにいるのか分からない？　いや、さすがにそれはないでしょ」と思った。もちろん、解離について多少の知識は持っていた。だが、そういうことは実際にありうるのだ、まさに〝これ〟がそうなのだと、そのときは思えなかった。そのあまりに唐突で突飛な内容を受け止めかねたのである。

だが、その子の生育歴や、生活の様子を今振り返って思うに（正面から真面目な話を振ってあくびを連発した何人かの内の一人がこの子であった）、やはりあれは解離だったのではないか。解離だったとすれば、勢いを強めたさらなる叱責は彼女の心身に過剰な負荷を与えるだけのものだったろうし、もし解離ではなかったとしても、勢いを強めたさらなる叱責が「言い逃れ」を阻止し、反省の深まりを促したかといえば、そこには疑問を禁じ得ない。いずれにせよ、「ひょっとしたら解離かもしれない」と思ってみることで、少し視界が広がって勢いが弱まるようなことが必要だったように思う。今だったら、なんとか反省させようと躍起になる同僚に対し、私はもう少し何かできるだろうか。少なくとも解離の視点とその有用性の実感は、あの時よりはあるはずだけれども。

おわりに

本稿では、児童養護施設の日常で出会う、解離といえるのかどうかやや曖昧なものについて、「解離かもしれない」と思ってみることの効用を述べてきたが、子どもの様子を見て「解離かもしれない」と思えるためには、生活の端々に表れる解離症状の多彩さをまずは知ることが必要になる。そして、いささか信じがたくても、そういうことは実際にありうるのだと、実感を持つことが必要になる。それには、先にも挙げた古田（２０１７）のような知見が助けになるだろう。豊富な臨床経験をもとにした、子ども側から見た体験が活写されている。Ｗｅｂ上でも公開されている講義録なので、児童福祉関係者はもちろん、他の領域の方にも一読を薦めたい。ここに書かれている子どもの様子と、日ごろ自分が出会う子どもの様子、これまで出会ってきた子どもの様子を往復しながら、その実感を深める作業がなされると良いと思う。私自身もそうしていきたい。

ただ、どれだけ解離症状の多彩さを知り、理解と実感が増えたとしても、「解離には解離で」という対応原則は変わらないと私は思っている。解離かもしれないよな、と思いつつ、分かりつつ、横目で眺めながら緩やかに状況を抱え続けるようなスタンスでいたいと思う。

※引用文献

青木省三「虐待を受けた子どもの思春期とその援助」『子どもの虹情報研修センター紀要』№2、２００４年、p72―83
(https://www.crc-japan.net/wp-content/uploads/2021/02/kiyou_no2.pdf)
古川洋子「解離症状の理解」『子どもの虹情報研修センター紀要』№15、２０１７年、p50―63
(https://www.crc-japan.net/wp-content/uploads/2021/02/kiyou_no15.pdf)

第2部

子育ての困難をどう乗り越えるか

第7章　体制をめぐる課題

はじめに

本章では、児童養護施設における体制面の実態と課題を述べる。ここで述べることは私の近辺で生じたことがらが中心なので、すべての施設に当てはまるわけではないと思う。しかし逆に、私の施設にしか当てはまらないこともあまりないのではないか。程度や背景は異なっても部分的に重なるところはあるだろうし、個別的な状況も何らかの大局的動向や実態を反映していると考えられる。そのようなことを意識しつつ、記述を進めていきたい。

社会的養護の受け皿

日本の児童養護施設の大半は社会福祉法人が運営している。私が勤めている法人では、2012年にそれまで運営していた施設に加え、近隣にもう一つ児童養護施設を立ち上げた。ここで考えるべきは、なぜ新しい施設を作ったか、ということである。

これは端的に言って、社会的養護の受け皿が足りなかったからである。都市部と地方ではずいぶん事情が異なるようだが、都市部の施設においては顕著である。私が勤める施設のある横浜市は政令指定都市の中でも最大人口を持ち、要保護児童（社会的養護を必要とする子ども）数も多い。だが、それを受け入れるキャパシティが少ない。実際、児童相談所の一時保護所はこの数年常に定員オーバーである。受け皿となる場がないこともあって、一時保護所の在所期間が長期化する傾向にもある。社会的養護の受け皿としては、当然、里親を増やしていく努力も必要で、国もそちらに力を入れている。だが、里親が飛躍的に増える見込みはないし、ある程度増えたとしても里親へのサポート体制が手厚いとは言えない現状の中では、養育は里親への丸投げに近くなるおそれがある。ただでさえ「途中参加」の養育には困難が伴うが、「虐待」を受けた子どもにおいてはより一層となる傾向にあるので、里親の大きな負担や養育関係破綻の危険性を想像しないわけにはいかない。したがって、「こんな時代に箱モノかよ」「先進諸国で施設養育が主だなんて、日本だけだ」という声はありつつも、やはり施設の建設は必要と判断されたのである。

人材確保の問題

新しく施設を立ち上げるということは、新しい職員も必要になるということである。しかも一度に、相当数。当初法人の立てた計画は、新施設開所の前年度から少し多めに人を雇い入れ、既存の施設で多少なりとも経験を積む機会を持った上で、ベテラン・新人をバランスよく織り交ぜながら新旧両施設へと分割していく、というものであった。そして、初めは分割したゆえにまだ小さい個々の施設が職員と子どもをそれぞれ増やし、正規の大きさ（定員）にまで徐々に膨らませていく。つまり、中学校の生物の時間で習う、細胞分裂のあのイメージである。これは、それまでにあちこちで聞いた新施設オープン時の苦労話を教訓にしてのことであった。苦労の主たる要因は、児童養護に不慣れな職員をまったくゼロの状態から新しく大量に雇用してやっていくことにあったからである。だが、この教訓は生かそうと努めたものの、十分には生きなかった。結果として、私たちは新施設オープンに伴う困難を身をもって知ることになる。

まず誤算だったのは、人が思うように集まらなかったことである。これまで私たちの施設では、人が入れ替わるとしてもせいぜい年に1名か2名程度だった。個人的なつてや「一本釣り」で支障なくまかなえる人数であった。緩やかな入れ替わりであり、辞めた職員を補充するための時間的余裕もあった。だが、その十倍規模の人数を集めようと募集をかけたところ、思うように応募が来ない。新施設をオープンする最低限の職員は確保したが、その後、分割された細胞が正規の大きさに膨らんでいくのに見合うほどの人が集まらない。従来応募のあった大学からも応募がなかった。これはどういうことなのだろう？

「待機児童ゼロ」を掲げる政策の下、保育士が保育園に流れてしまうのか。そもそも泊まり勤務のある施設より、日中業務中心の保育園のほうが人気が高いのは当たり前なのかもしれない。ましてや住み込みに近い形ともなると敬遠されて当然なのか。「虐待」をめぐる論議の中で、福祉系の学生にもそのケアの大変さが流布され、ネガティブなイメージが先行してしまっているのか。

……さまざまな推測や論議があるが、明確な理由はわからない。こういった人材確保の悩みに無縁な施設もあるかもしれないが、同様の問題を抱える施設は決して少なくないとも聞いた。

小規模化、家庭的養護推進の陰で

現在、児童養護施設においては小規模化（施設の小規模化、生活単位の小規模化）、家庭的養護（なるべく一般家庭に近い生活形態での養育）の推進が国によって明確な方針として示されている。現代日本の一般的な養育形態がそのようなものである以上、この動向が基本的には正しいであろうという点に関して、異論はない。それどころか、私の勤める法人は、この小規模化、家庭的養護という点に関しては、むしろ全国的にも珍しいくらい先駆的に取り組んできたところであった。もちろん、だからといって子どもをめぐる苦悩や運営上の問題がなかったわけではなく、けっしてパラダイスだったとは言えないだろう。だが、「特定の養育者が住人として地域に根ざし、他の職員とも力を合わせながら個々の子どもたちに一貫した養育をおこなう」という理念が安定的に具現化された時期も一定期間あったとは言ってよいように思う。

新施設においても基本的にはこの理念をモデルに運営が開始された。だが、思うようにはいかなかった。一つには、かつてのように夫婦で住み込んで「地域に住人として根ざす」タイプの職員はもはや減る一方となり、複数の職員が組んで一つのホームを担う形が主流となっていったのだが、これを安定的に運営できる方法論の蓄積がまだ不十分だったからである。

一つの生活単位をなるべく小人数にして、特定の養育者が一貫した養育をおこなう、という形態は一見理想的なようだが、「子どもと起居を共にする」となれば週4～5日は職員もそこで寝泊りすることになるわけで、放っておくとそのホームの職員にかかる負荷は大きなものとなる。施設によって勤務形態はいろいろだが、私の勤める法人はこの養育体制を保持しようとしている。小人数とはいえ、一般家庭のサイズよりは多く、一つの養育単位（ホーム）に子どもは3～5人程度いる。それぞれの子どもの学校等との連絡、そして記録の読み書きなどを含めると、少なくない数である。また、生活単位を小分けにすることと生活空間の分節化は概ねセットなので、小分けにすればするほど、そこに起居する職員の必要数は増えることになる。生活の軸となる担当職員のみならず、休日代替となる職員の数も必要になる。この数が確保できないとすれば、職員1人当たりの宿直回数を増やすしかない。実際、そうなっている。

さらに養育の中身の面で言えば、子ども同士、あるいは職員と子どもとのトラブルや関係のこじれがあったとき、密室的な空間において自分ひとりで対処しなければならない場面が増える。緊密な関係は、良い時は良い。だがひとたびこじれると身動きが取りにくくなる。その修復も含めて生活だ、そこにこそ醍醐味がある、という意見もある。確かにそうだが、そこにたどり着くまでが大変である。こんなときあの先輩職員ならどう対応するのだろう。そういったことを知りたくても、実際の対応を目の当たりにできる機会は少ない。「小規模で、家庭的に」養育をおこなうのはある程度の年季と技量が必要で、ほとんどの場合、まったくの新人には難しい。そしてこれらのことを考えたとき、そこで暮らす子どもがどのような子どもかというのも、「家庭的な形態」の安定を図る上でいっそう無視できなくなってくる。

子どもの状態像との関連で

児童虐待が世間の耳目を賑わすようになって以来、入所してくる子どもの重篤化傾向にどう対応するかが児童養護施設の主要課題の一つであった。私のような心理職（心理療法担当職員）もその一環として導入された職種である。他者や世界全般に対する根深い不信感、衝動性や情動コントロールの不全、万引きや暴力、性的な言動等の問題行動……これらに対応する難しさは指摘され続けてきたことだが、何年経とうと困難は困難で、自動的に簡単になることはない。小人数で緊密な関係を志向するような場、つまり昨今の傾向のもとでは高濃度で表れやすいので、なおのことである。

これに加え、新施設を開所してから浮上してきている課題は高齢児（中高生）の比率の高さにまつわる困難である。開所以来、児童相談所から入所を打診されるケースは中高生ばかりで、在籍児童の中で中高生の占める割合は7割超ともなった。同じ7割超でも小さいころに入所して中高生になった子が7割を超えた、というのとは意味が違う。小さいころの入所だと、世話を焼くきっかけがたくさんあるし、なんだかんだ言っても可愛い。中高生になって悪態をつかれてもそっぽを向かれても、たくさん遊んでたくさん叱って可愛がった記憶の痕跡が、子ども・職員双方にとってしばしば助けとなってくれる。また、小さいころに入り、ある程度きちんとした生活を身につけながら大きくなり、それを新しく入ってきた子が見て真似ながらまた大きくなる…という好ましい文化サイクルができているホームだと大人はかなり楽ができる。

だが、新規に立ち上げたホームで、しかも中高生になってからの入所だと——これは子どもにはまったく責任のないことだが——このような歴史性や基盤がない。特に、夜遊びや性行動などすっかり一通り身に付けてから入所してくるような場合、そしてそれが一つの文化ともなっているような仲間との付き合いを経験してきた上での入所の場合、「こんな時間に帰ってくるなんて！」「あなたの体が大事だから」などの言葉は子どもたちにおいては実感の基盤を欠いており——「だって、やってきたよ？ みんなやってるよ？ だいたい、なんであんたの言うこと聞かなきゃいけないわけ？」——虚しく響く。

「虐待」を受けた子にしても、中高生になってから入所してきた子にしても、彼らの抱えている課題の中核には学童期あるいはそれ以前の心理発達課題の持ち越しがあると考えられることが多い。関わりの接ぎ穂を見出しにくい子たちではあるが、本質的には頼れる大人を求めており、手をかける必要がある。そう思いながらも、「今さら無理じゃない？」と悪魔的なささやきが弱気を誘うことも起きてくる。一般的な退所年齢である18歳までの残された時間の中で、いったい何ができるだろう？ 彼らの中の何と手を結び、どうすればここで過ごす時間の意義を彼らの中に残せるのか？ 関係を作れた手ごたえも、またそれを軸に生活を改善できる手ごたえも得られないまま、事態の後追いをするばかりで時間が過ぎる…との思いを抱く職員は稀ではなかった。

チームワーク上の問題

このような中、職員の退職が続いた。ただでさえ人手不足の折、戦力である職員が去る。これ以上の痛手はない。結果として残された職員は現行体制を維持するためにプラスアルファの業務を負うことになる（余談ながら、心理職の私も部分的に、他の職種からすれば申し訳程度にだが、宿直をおこなうようになった）。負担が、いや、実質的な負担以上に負担感が増えるというべきか。

職員が辞めることの痛手はもちろん単に頭数の問題だけではない。「あーやっぱりね」と、もともと子どもたちの中にあった大人への不信感や失望を上塗りし、新しい職員が来ても「どうせまたすぐやめるんだろ」といった斜に構えた（しかし現実的と言わざるをえない）態度を助長してしまう。大人や施設を信頼して身を委ねることはさらに難しくなり、職員との関係を軸とした安定的な生活はいっそう作りにくくなる。悪循環である。

また、職員集団全体の士気にも影響する。このようなときにこそ力を合わせて苦境を乗り切るのがチームワークであろうが、人間集団というものはそう上手くはいかないこともある。人手が不足している、子どもたちが落ち着かず「問題」も絶えない、職員が定着せず辞めてしまう、運営が安定しない……個人的見解だが、新事業を展開している施設において、これらは一種の「現象」とでもとらえたほうが良いのではないか、と私は思っている。新規に開所したあちこちの施設の様子を仄聞する限り、そう思う。いや、「現象」などではない。あの職員のキツさはもっと早く察知できたはずだ。身近にいた職員はなぜそこに気づかずサポートできなかったのか。そもそもこういう養育形態や勤務体制自体が問題なのではないか。もっとここをこう組み合わせて、人をこう配置すれば……等の意見もあるだろう。耳を傾けるべきものもある。しかし、そういった声が百家争鳴的に飛び交うことまで含めて「現象」なのだと思う。

先に人材確保の困難について触れたが、思うように人が集まらなかったとは言え、それまでの入れ替わり規模からすれば大量獲得で、職員のざっと半数ほどは新しい職員ということになった。さまざまな考えと個性を持った職員がいることはむろん良いことだが、施設を一つの生命体に喩えるなら、大量輸血をしたようなものである。生き延びるためには不可欠だったにせよ、異なる考えと個性が統合的に馴化し、全体として機能的に動けるようになるまでにはどうしても時間が必要である。それまではじっと機能回復を待ちながら少しずつ可動域を広げていくような心持ちが必要かと私は思う。

だが、私たちは「好ましくない事象には好ましくない原因がある」という認識枠から自由になりがたい。そして、原因を検出し、除去するといったウイルス学的思考法で対処を考えがちになる。しかし、その種の論議は多要因が輻輳する事象を単純な原因に収斂させてしまう。「悪者さがし」の雰囲気を生みやすく、施設の基礎体力を殺ぐ結果になりかねない。どんなときにもその傾向への留意が必要であろう。

おわりに

「家庭的なサイズで特定の養育者が一貫してかかわる」形態を実現しようとする努力がかえって職員の入れ替わりと生活の不安定さを生んでいるのだとしたら、皮肉な逆説である。だが、だからといってその努力を全面的に放棄したほうが良いということにはならない。一律の管理的傾向や悪しき施設文化（支配・被支配関係など）の伝承等、大集団において生じがちな否定的事象が起こりにくいという面は確かにある。その代わりにこうした側面が生じるということであって、要するに「二つ良いことさてないものよ」ということである。この狭間で施設に合った独自の解を探していくことが「課題」なわけだが、いささかネガティブな記述に傾いてしまったかもしれない。ただ、困難の渦中においては職員の認識がややもするとこうした不景気な色合いに染まるということもまた、それはそれで「実態」の一つと言えるかもしれない。

第8章　最高に難しいことを、ついでにやる

はじめに

児童養護施設における子育て困難の体制面での実態と課題については前章で述べた。人材の確保や育成と定着、勤務体制・労働条件と望ましい養育体制との兼ね合い、子どもの状態像の重篤化や高齢児対応、またチームワークの問題など、いささか世俗的で愚痴めいた内容だけれども、その分、実際の具体的な困難と課題の提示に関しては、私としては概ね尽くしたつもりである。これ以外のものもあるにはあるが、特に付け加えたいと思うものではない。

よって、この章では少し違う角度から児童養護施設における子育て困難の様相を述べ、それとどのように向き合うかについて考えてみたい。

子育て困難にまつわる二つの言葉

「子育て困難」と聞くと、思い出される言葉が二つある。一つは精神科医の小倉清が『そだちの科学』19号（2012）で述べていた、「子育てというものは私の考えでは、人類がなしうるすべ

ての仕事・事柄の中でもっともむつかしいものであり、したがってもっとも崇高なものであると思う。それに比べたら火星に有人飛行をすることなんて、そうたいしたことでもない」というものである。もう一つは、児童文学者・翻訳家の清水眞砂子（２００６）がある子ども研究会の終了後にしみじみ思ったという、「子育てというのは、ついでにすればいいのに」というものである。

この二つは一見、相反することを言っているように見える。前者は子育ての重大さを、後者は子育てを重大視して背負い込むことの窮屈さを述べているように見える。実際、小倉はこの人類にとっての「全人間的全人格的な、他に類を見ない大難事業」に対して、それに相応しい度量と覚悟を持って当たることを説いて迫っている。それに対して清水は「一日中、子育て、子育てで、自分たちがやらなければならない一大仕事として、しかもそれしかない仕事として」子育てが受け取られているらしいこと、およびそれがもたらす辛さを気にかけている。

だが、私のなかではこの二つは相反しない。どちらも私を縛っているものを解いて、少し気を楽にさせてくれるのである。私は小倉の言葉に「そうだよな、火星に行くより難しいなら、思い通りにいかなくても当たり前だよな」と頷き、「そうか、もっとも崇高なのか」と励まされる。また、清水の言葉にも「そうだよな、人類史的に見れば、子育ては生き延びるための狩猟採集や生産活動の傍らで無意図的になされるのが大半だったのかもしれないな」と頷き、子どもに関して眉根を寄せてばかりいる自分たち施設職員を可笑しいと思う。

一見相反する言葉が私においては矛盾なく両立し、同様の作用をもたらすのは、子どもをどうにかしようと思い、またどうにかできるものと思い、躍起になっているところがどこかにあるからであろう。いや、もちろん子育てにはそういう面もある。ないと始まらないとも言える。問題は、時としてその傾きが強くなり過ぎて、大人と子どもを縛ることである。上の二つの言葉は、この束縛を緩めてくれる。

思うに、子育て困難の一端は、このような緩和や解放が起こりにくいところに表れるのではないだろうか。そして、児童養護施設はそれが起こりにくい場である。どうしてなのか。この視点から、児童養護施設の子育て困難について考えてみたい。

子育ての「計画性」をめぐって

子育ては養育者の願いや欲とともにある。「こんな子になって欲しい」「こんなふうに育てていこう」……具体性や強度など、程度はさまざまであろうが、そういった思い抜きの子育てというものはまずないだろう。その意味で、子育てに方針や目標、計画はないとは言えない。お腹にいる時からオリンピック選手や音楽家になることを目標と定め、計画的に訓練を積ませ、そして実際そうなってしまうという例も稀にあるし、そこまでではなくても、目標やその実現のための手段が相当に企図されている場合はある。

だが、「養育という営みは、いつも反省的・意識的におこなわれているかといえばそんなことはなく、なんとなく遊んだりしつけたりしながら行われるので、無意識の部分が大きい」と小浜（２００５）が言うように、一般的には子育てというものの大半は、その時々に子どもが必要としていることに応え、あるいは子どもがなすべきことをするよう求める、という連続をあくせくと、しかし「なんとなく」積み重ねることで成り立っているのではないだろうか。子どもが何かに「なる」ことを願い、求めはするが、それとは別次元で、子どもの傍らに「いる」ことの積分が子育てという営みを形作っているのだと思う。目標は達成されるに越したことはないけれども、されなかったとしてもそれまでの営みが価値を失うわけではない。それはあくまで結果であって、目的ではない。だから今、この子とこんなふうに掛け替えのない時間を持てるなら、それでいいじゃない。

だが、そういう牧歌的で悠長な姿勢は許されにくいのが児童養護施設の現状である。費用対効果の見地から児童養護施設の意義が問われることもあるし、18歳までという時間制限も、法制度は変わりつつあるが現場ではまだ大きな変化はない。また、現在、児童養護施設では子どもたち一人ひとりに対して「自立支援計画」というものを作ることになっている。要するに、「成長」や「達成」というものを意識しないわけにはいかないのである。税金でなされている事業であり、年齢もどこかでは区切らねばならず、不安や傷つきを抱えてやってくる子どもたちに対して何の考えもなしに向き合うわけにはいかない。ゆえに、以上の事柄への意識が必要であることは確かであろう。

しかしその一方で、副作用的な部分も視野に入れておく必要があると思っている。目標や計画を設定することは、子どもというものはその気になればその通りになるものだ、という非現実的な想定——子どもはこちらの思い通りにならなくて当然なのに——を暗黙裡に助長しないだろうか。うまくいかなかったなら、それは誰かがうまくやらなかったからだ、という視線や声を煽りはしないだろうか。あるいはまた、「こうなって欲しい」がいつの間にか「こうなるべき」へと変質することで、なかなか思うような成長や改善が見られない子をそのまま愛おしむ容量を引き下げはしないだろうか。「できない子」として厄介に思う見方へと水路づけないだろうか。立てた目標や計画がどれくらい現実的なものなのか、という内容によるところもむろん大きいだろうが、私の印象では、子どもの偏りや拙さを「やれやれ」と言いつつどこか面白がって付き合うより、見逃してはならない「問題」として検出しようとする傾向は社会的養護の世界全体に強まっているように思う。実際、以上に述べた懸念はどれもその通りになった例がある。

繰り返すが、目標や計画が一概に悪いことだとは思わない。うまくやらなかったためにうまくいかなかった、ということも実際あるだろう。しかし、今「ある」子どもと「いる」ことに安らえず、「あるべき」子どもに「なる」ことに向けて大人が追い立てられる（つまりは子どもを追い立てる）ことで「うまくいかなさ」が浮き上がり、増している困難もあると思う。

子育てを中心に置くことで生じやすくなる困難

以上のような困難は、児童養護施設の職員が〝仕事として〟子育てに携わっていることとほぼ不可避的に結びついている。私が言っているのは、よく一般家庭や養子縁組家庭、あるいは里親との対比において引き合いに出される、「どうせ仕事でやってるんでしょ」（愛情や手間をかけてもらえなくて子どもは可哀想）という意味ではない。むしろ逆で、職業であるがゆえに心身の大半を子どもや子育てにロック・オンするよう方向づけられ、それによって生じやすくなる困難があるという意味である。

家庭での子育ては、施設での子育てに比べてこまやかであると言われ、また実際そうであろうが、一般に、子どもを持つ大人の生活というものは、乳幼児期を別にすれば、実はそこまで子どものことだけに彩られているわけではないと思う。どのように生計を立て、家計をやりくりするか、食事や居住空間の彩りなど日々の生活をどう創出するのか、仕事と私生活の時間的なバランスをいかにとるか、仕事に必要な技能をいかに維持・向上させるか、文化・政治や日々起こる事件、社会の問題をどう考え、どのようにかかわるのか……等々、ひとりの人間としてどのように生きるかという課題全体のひとつとして、結果として子どもへの相対の仕方がある（子どもの存在が大人の生き方に影響を与え、大きく変えることはあるとしても）。子どもや子育ては常に視界にあるが、いつも視界の中心とは限らない。

児童養護施設の職員とて、ひとりの市民として人生上のさまざまな課題を抱えていることに変わりはない。しかし、ひとたび児童養護施設という子育ての場（職場）に〝出勤〟すれば、まなざしや思考の大半は社会や歴史や芸術ではなく、「子どものために」向けられることになる。何しろそれが仕事なのだから。子どもからすれば、日々過ごす大人は自分をまなざし、自分に働きかけてくるものとしてのみ存在することになりやすくなる。これは子どもにとって幸福なことだろうか。子どもの側から言わせると、大人の計らいやまなざしから自由でいられにくくなる、という面があるのではないだろうか。児童養護施設の子どもたちは特別で大切な存在として遇されることを欲していると言われる。きちんと向き合ってくれる大人を渇望しているとも言われる。そういう経験が乏しい子たちなのだから、と。確かにそうも思う。だが、私の観察では、子どもはここぞというときに自分のことをしっかりと考えてくれる大人を求めてはいるが、いつも視界の中心に置かれて直視されることを求めてはいない。そんなことをされたら子どもだってたまらないだろう。しかし、「仕事」であるがゆえに、そうなりやすくなる。

このことは、「児童養護施設は常に人手不足で、一人ひとりの子どもに十分な手をかけられない」と言われていることと矛盾していると思われるかもしれないが、それは違う。ここで問題としているのは、かけられる手間や愛情の相対的な量ではなく、「子どもを世話すること」以外の志向性を子どもの前で持ちうる余地の多寡についてである。よく心理療法家は自身の心理療法の成否を満足の源泉にすべきではないと言われるが、子育てに携わる者にも同様のことが言えると思う。子育ての成否が職業的達成や満足の源泉になると、相手（子ども）を思う通りにしようとする対象操作へとつながるからである。そうなると、先に述べた、「目標」にまつわる困難が生じやすくなると言える。

家庭的でこまやかになることにともなう困難

この、子育てを中心とすることで生じやすくなる困難は、昨今の社会的養護の大きな動向である「家庭的養護」の推進に伴い、一部でより強まると想像される。実際、私の勤める法人では、もう30年以上も前から家庭的養護の具現化に努めてきたが、密度の高い閉じた関係性のなかで生み出される硬直化した困難をどう扱うかというのは、常に解決し難い課題であった。

確かに、家庭的養護は「特定の大人がよりこまやかに」子どもとかかわることを可能にするものである。この理念の体現は基本的には良いことで、目指されるべきであると私も考えている し、実際そこに携わってきた。しかし、ではその「特定の大人」が掲げ、子どもに求める〝正しさ〟（目標設定やそれに向けてのやり方）が子どもの能力や性質の実情とはズレており（あるいは too much で）、かつ周囲からの助言や視点を取り込む柔軟性が不十分なまま「よりこまやかに」徹底された場合、どうなるであろうか？　当然、求める大人とそれをうまくこなせない子どもとの関係はシビアになり、泥沼化する。家庭的養護は勤務する大人の構成も、物理的・空間的な構造も家庭に模しているため、どうしてもある程度の閉鎖性をともなう。うまくいっているときはこの閉鎖性が独特の一体感を醸し、外界からの護りとなるが、養育関係が不調に傾いたとき、この閉鎖性は悪循環の固定化を招く。他の職員が即時的に介入し、効果的な修正・修復をおこなうことは難しい。仕事仲間であっても他人がよその家に入って「まあまあ」と言ってくるようなものだからである。ひとたびこの悪循環が強固になると、いくらコンサルテーションやカンファレンスを繰り返しても、「この大変さ、この子の難しさは一緒に暮らさないと分からない」という、あの反駁不能で切実な実感の前に、別のものの見方や意見は——学問的な見解に基づくものであれ、個人的な経験知に基づくものであれ——ほとんど無力となる。それは、自分を視野狭窄から救うものではなく、分かっていないくせに自分を責めるものとして体験されやすくなる。結果として、その職員は孤立化の道をたどる。

この展開は何かに似ていないだろうか。そう、これは「虐待」を受けた子どもが児童養護施設に入ってくる前の、もとの家庭と社会との間に起きていたことがらと似ている。当該職員のパーソナリティや価値観ももちろん大なり小なり関与はしているが、それは要因ではあっても原因とまでは言えない。経過のなかで似通ってくるのである。閉じた関係のなかで硬直化した「目標」や「正しさ」に向けて躍起になり、周囲から孤立化していくとき、子育ての困難は増すと言える。そして、家庭的養護の推進は、場合によってはこの困難を増す側面も持っている。

子育て困難にどのように向き合うか

上に述べたような事態にどう対処するかについては、すでにさまざまなことが言われている。いわく、他職種・他機関連携。いわく、チームワーク。すなわち、コンサルテーションやカンファレンスによる相互支援を行ない、視野狭窄や孤立化を防止しよう。職員研修を計画的に実施し、専門性を高めつつ、ゆとりのもてる勤務体制を構築しよう、などのように。

それは分かっている。だが、それでもそれは起きるときは起きる。「難しい」とはそういうことだ。描いた「正しい」処方の通りに事が運び、それで解消するようなら、そんなものは困難とは呼ばない。知っているだけのことを試し、考えられる限りのことをやり、こうすればいいはずなのにそれでも思うようにはならず、抗いがたく事態が流れていったり少しも事態が動かなかったりするから人はそれを「難しい」と呼ぶのだ。

考えてみれば、子育て困難全般がそういうものであろう。世の中には「正しい」子育ての処方があふれている。だが、大抵の場合、その通りに事は運ばない。結局のところ、子育ては、思い通りに事を運ぼうなどと思った途端、「火星に有人飛行をすることなんて、そうたいしたことでもない」ほどの難しさとなるのであろう。まずはそう思い定めることが必要だと思う。相手（子ども）を自分の計らいや操作など及ばない、独自の尊厳を持つ存在としてとらえ、それでも自分なりの願いや欲を抱くことはやめられないから、難しさや崇高さに見合う「度量と覚悟をもって当たる」ほかないのであろう。養育者自身もまた、独自の尊厳を持つ存在として、自身の人生上の課題から逃げず、世の中で起きていることや子どもとの間で生じたことがらについてよく考え、自らを省みつつ人生を楽しむ姿を子どもの前で体現していくほかないのではないだろうか。そのうちに、自分の目を覆っていた「子育て困難」が「案外それほどのことでもないな」と思えることもあるのだと思う。

おわりに

本章では、的確なアセスメントに基づいた方針や支援目標を定めること、職業人として専門性を磨いて子どものために専心すること、より子どもが暮らしやすく育ちやすい人的・物理的環境を家庭的養護の推進によって実現すること……といった、昨今の児童養護を取り巻く改革の背面に付随する困難ばかりを述べる形となった。本来「よかれ」となされていることの揚げ足をとるような、あまのじゃく的な記述になってしまったかもしれない。しかし、くどいようだが、私はこうした動向が指し示す良さも十分分かっているつもりではある。その良さを十分生かすためにも、その裏面で生じる困難をきちんと見据えたかったのである。

ここでは児童養護施設という場の特性によって生じやすくなる困難ばかりを述べたが、これを緩和し解放するのもまた児童養護施設という場の特性だと思っている。冒頭に挙げた、「子育てというのは、ついでにすればいいのに」という清水の言葉は、念のために付け加えると、「ついでにすれば、こぼれ落ちるものもそりゃ一杯ある。でもそれは周りの人たちが、ちゃんと拾ってくれるのに。もうちょっと周りを頼ったっていいのに」と続く。要するに、「ついで」が可能となるような、多様な関係の網の目を作り、それを信頼することの大切さを背後に含んでいるのだと考えられる。この、多様な関係の網の目やそれへの信頼は、先に少し述べたように、作ろうとしてその通りに作れるものではないと私などは思っているのだが、しかし、作ろうとしない限り作れないのもまた確かで、職員相互の努力の連なりの先にふとそれが出現するように感じられることもある。これは根っこでは同じ志を持つ者同士だからこそと思う。

「拾ってくれる」周りをある程度作れたとしても、私自身はまだ「ついで」という境地にはなかなか立てない。なにせ「職場」における「仕事」なのだから。しかし、そのような網の目のなかで育っていった子が、長い時間の経過のうちに「あのどうにもならなかった子がこんなにちゃんとやってるなんて！　本当に？　いったいなぜそんなことが可能に？」と、こちらが予想もしなかった世界へ連れていってくれることがある。自分たちの読みや計らいの浅はかさと、それに固執することの怖さを思い、肩肘の力がふっと抜ける。ごく稀に、ではあるけれど。

※文献

小浜逸郎「責任論（二）」『樹が陣営』29号、２００５年、ｐ24―49

小倉清「子どもの治療―雑感」『そだちの科学』19号、２０１２年、ｐ40―42

清水眞砂子『幸福に驚く力』２００６年、かもがわ出版

第9章　困ったときにどうしているか
――児童養護施設の職員として

はじめに

子育てに困ったとき、私たち施設職員はどうしているか？

あらためてそう問われると、それこそ困ってしまう。大したことはしていないのだ。実のところ、延々と話をしているだけの気がする。〝だけ〟というのはいささか極端だとしても、〝こうしています〟といった明瞭な対処メソッドを駆使している感じはない。困るようなことが起きたときにはもっぱら寄り集まって唸ってばかりいる。「えー、ホント？　また？」「うーん、どうしようね」「まったく、しょうがないね」「で、とりあえずどうします？」……等々。妙な言い方だが、「困ったときには困っています」ということになる。だが、それでは何の展開もないまま話が終わってしまう。困ったことに。

もっとも、ひと口に「困る」といっても、「困り方」はさまざまである。困ること自体は避けられないが、質の良い困り方を目指すことならできるかもしれない。本章ではそのための視点を挙げることを試みる。

困ることに納得する

児童養護施設において子どもが起こす行動で困ることはいろいろある。何度注意しても他児の部屋に勝手に入って文房具やアクセサリーを持ってきてしまう。ちょっとしたことでキレて喧嘩になる。近所で万引きをしたり学校で癇癪を起こしたりするのもむろん困るし、学校に行かない、無断で外へ出て深夜になっても帰って来ない、というのはもっと困る。暴言や暴力、性的な問題行動の場合はさらに困る。一番困るのは、私たち職員がさんざん心かき乱されているというのに、子どもたちにはちっとも響いていないようであることだ。困りごとは枚挙にいとまがない。

このようなことが起きたとき、まず必要なのは、子どもがなぜそのような行動をするのか、その成り立ちや構造、あるいは子どもにとっての必然性を理解しようとすることであろう。これは基本であり、すでに言い古されていることではあるが、やはり大事にすべきことである。「まったく、なんでこうも同じことばかり繰り返すんだ。なんで俺たちがこんな目に遭わなきゃならんのだ」と理不尽感にまみれながらやみくもに困るのと、「ああ、これはそもそも難しい問題なんだ。こういったことが続くのも、こちらが困るのも、ある程度は仕方ないよな」と困ることに納得しているのとでは、事態をもちこたえる粘り強さの点で違ってくるように思う。

例えば、先述した「何度注意しても他児のモノをとってしまう子」に関しても、さまざまな背景が考えられる。①自分の領域と他人の領域のバウンダリーの感覚がそもそもあまりピンと来ていない、②悪いという感覚が稀薄、③欲求や衝動性をコントロールする力が身についていない、④〝注意をする〟という職員の関わりが子どもにとっては注目という「報酬」になっている、⑤〝注意をする〟という職員の関わりが解離を引き起こしている、⑥〝注意をする〟という職員の関わりが〝叱責される自分〟や〝大人との迫害的な関係〟という世界観の確認になっている、⑦純然たるレジスタンス、など。まだ挙げられるだろうし、もっと細分化して考えられるものもある（たとえば②）。また、あてはまるのはどれか一つというものでもない。が、ともかく、生育歴や現在の状況を勘案しながらあれこれ想像をめぐらせ、少しでも、少しずつでも腑に落ちるものを探していくという作業が大切である。

この種の議論をしていると、時々「分析はできても具体的にはどうするんだ。現場で大事なのは結局それだ」という声が聞かれる。たしかにその通りではあるのだが、その場合、おそらくそれは「分析」の質がいま一つなのだ。「今起こっていることは何か」がなるほどと思えるような急所を摑んだものなら、その後とるべきアイデアの方向性は、「とりあえず」的なものではあってもおのずと示されてくるように思う。たとえば、④ならより好ましい行動で注目できるものを探す、⑤なら注意は脅かさない音声で手短にすませる、など。もっとも、だからといって困らなくなるわけではない。児童養護施設にやってくるような子どもたちの背景を考えると、多くの場合、「結局は時間をかけるしかないよな」と思わざるを得ないからである。ただ、「時間をかけるしかない」と深く納得すること、また「どんなことを念頭に置きながら時間をかけるか」を持っていることは、困り方を変えるであろう。

大人同士が一緒に困る——たやすくは実現しない理想として

以上述べたような作業を職員皆でワイワイと忌憚なく意見を出し合いながらできるなら、子どもの個々の行動は確かに困りものだとしても、実は心底困った事態とは感じない。なかなか暴力の止まない子がいても、性的な問題行動を起こす子がいても、問題に関する理解と対処の方向性を共有し、〝一緒に困っている〟感覚があるなら、むしろ同志的な絆をより強く感じるときさえある。

施設での子育てにおいて本当の意味で困るのは、職員相互の〝一緒に困る〟関係性や空気が往々にして損なわれることである。この背景には子どもが抱えている要因もあれば、施設という「場」の要因も、そしてその相互作用もある。これについては第7章、8章でも述べた。そこで述べたことは、ごく大まかに言えば、子どもが培ってきたネガティブな対人関係のパターンが施設のもつ「場」の性質によって（小規模化・家庭的養護が、その周辺を支える十分な人員配置のないまま推進された場合は特に）再現され、周囲との関係性が分断されてしまうことがある、というものであった。児童養護施設に限らず、社会的養護というのは、そもそも元の家庭での子育てが困ったことになった果てに至る場である。その困り具合が移し込まれるわけで、そうなると、施設養育は途端に苦役のようになる。

そこまで述べたはいいが、それに対してどのような対応が有効かまでは述べられなかったし、今も述べられそうにない。ただ、アイデアの方向性を「とりあえず」レベルでいうなら、まず「こういったことが現象として確実にある」ということをしっかりと共有しておく、ということが挙げられる。どのように連携していくか、どうすればチームワークはうまくいくか以前に、あるいはそれと併せて、「連携は努力しないとうまくいかないもの」「チームは子どもと大人のダイナミクスの中で案外容易に歪《ひず》むもの」という認識を学ぶことである。なぜなら、〝こうすればうまくいくはず〟的なことをやっていても、うまくいかないときはどうしてもあるからである。そうなると、さてどうしてよいか分からなくなる。そこで、どういう条件のもと、どういう成り行きで職員集団はうまくいかなくなるものなのかについても施設養育の前提として研修しておく[1]。そうすれば、ケース理解の摺り合わせがなかなかうまくいかず、関係が少しきしんできたように思うときに、「そういえば、これはあの現象では…?」と振り返るよすがになるかもしれない。

連携やチームワークがうまくいかない背景には、このほかにも施設の勤務体制、子どものケア単位の形態や構成、人員配置、文化風土、時には職員同士の性質の相容れなさなど、さまざまなものがありうる。これら全体をどのようにマネジメントするかといった組織論的なことは、私の手に余る。今現在の私の感覚として言えることは、連携やチームワークは、どの職員とも全面的にずっとうまくいくことを目標にすると「たやすくは実現しない理想」である。だが、部分的になら「それなりに実現可能な理想」でもある。そして、「部分的にそれなりに」という基盤がありさえすれば、必ずしもうまくいかない部分ともかかわり続けることができる。そのような中、「今はこちらが叱り役として現実を突きつけるので、そちらは善悪とは別建てで、この子の考えの筋道を聴くことに専念してください」といったような分担がなんとはなしに生まれてくることもある。

「それは本当に困るべきことなのか?」を時には考えてみる

先に挙げた、「児童養護施設で子どもが起こす困った行動」は、職員からすると間違いなく困りものなのだが、「それは本当に困るべきことなのか?」と考えてみることも時には必要だと思う。私たち大人が作っている社会の窮屈な枠との兼ね合いで、相対的に「困る行動」となって炙り出されている場合もあるだろうからである。……などと考えていたら、たまたまこんな文章が目に留まった。

高校生の頃、深夜机に向かって勉強（だかなんだか）をしていると、窓ガラスにこつんと小石があたって、ふと外を見ると、友達が手を振っていた。「海岸に行ってたき火でもしないか」というので、一緒に海岸まで歩いて行った。そして流木をいっぱい集めて火をつけ、とくに何を話すともなく、砂浜で何時間もその炎を二人で眺めていた。(2)

深夜、(たぶん無断で)家を抜け出し、高校生が二人、海岸でたき火をする。これは、施設職員の感覚からすると(一般家庭においてだってそうだろうが)許容できない行動である。「無断で外へ出て深夜になっても帰って来ない」ことは、度重なれば目を光らせざるをえない。先の引用は1960年代半ばの兵庫県芦屋市、村上春樹の高校時代の回想だが、当時の世間一般の感覚からしてこれがどれくらい許容される行為だったのか、親が困ったこととしてとらえていたのかは分からない。「声をかけられたから出かけた」みたいにさらりと、ごく普通の日常行為のように書かれ、学校や警察が目くじらを立てている気配もこの文章からは感じられない。あるいは誰にも見つからず、うまくやりおおせただけなのかもしれないが。

しかしいずれにせよ、高校時代、深夜の海岸で友達と二人で何時間もたき火の炎を無言で眺めていた時間は、「安全管理」の論理で何かと取り締まられる時代においては味わえない情趣をたたえた経験だったに違いない。もちろん、ではこの逆が良いのか、深夜も高校生が平気で跋扈する社会のほうが望ましいのかと問われれば、それは違うと私も答えるが、私が言いたいのは、許容できない行動を「困ったこと」としてのみ見る視点から時々自由になるよう努める必要があるのではないか、ということである。そこで彼らはどんな体験をしているのか? それはやがて大人になったとき、どんな情感を伴って蘇るのか? 物分かりよく手放しで許容するのが良いとは思わない。実務的観点を外してしまうのはまずいことだ。ただ、私たち職員の「正しさ」も、それを基盤とした「困る」感覚も、時代や施設の論理との関数で定まってくる、場合によっては少しいびつなものかもしれないことに、少しは思いを馳せる余地を持っていたいものだということである。

子どもにも困ってもらう

これまで述べてきたことは、もっぱら職員側の困ることについてであった。では、子ども自身はどうなのか。児童養護の世界では、しばしば「〝困った子〟というのは、本当は〝困っている子〟なのだ」という言葉が（時としてややスローガン的に）言われる。あれこれ問題を起こす子を、たんに厄介だと思うべきではない。その子がそのような問題を起こす背景にはその子が抱え込まされた困難があるのであって、問題行動はその困難が解決の糸口を求めて表現されたものである。……そのように認識することを促すフレーズである。

基本認識としては私もその通りだと思う。だが、当の子ども自身が自覚的・主観的に「困っている」のかというと、多くの場合そうではない。むしろそれができないからこそ、「問題行動」や「症状」となって表れると考えられるのである。だとすれば、私たちに大人にとっての困りごとや問題意識を、一緒に取り組むものとして子どもと共有していくことが、一つの大切な筋道になると考えられるだろう。子育てというのは本来、相互的なものである。

以前、学校や近所で盗みを繰り返していた小学生男子と話をしていたのだが、その子は、やりたくてやっているわけではないのだという。では、やりたくてやっているわけでもない行為をしてしまう、そういう自分に困っているのかというと、別に困ってはいないという。私が不思議がると、「だって、これまでもそうだったから、きっとこれからもそうだろうって。それだけ」という。「良い自分」を思い描けない、そういうところがあるんだね、だとすると、「良い自分」になることも信じられないのかもしれないね、彼とはそんな話をした。担当職員は繰り返される問題行動に辟易している面もあったが、施設内で話し合ううちに、彼の中にある「悪い自分」像をなるべく上塗りさせないよう「何か良いこと」をすること、また、大人とのかかわりを渇望しているところもあるので、大人と一緒にそれを積み重ねることが必要ではないか、との認識を持つに至った。そして、本人にも「大人と一緒に皆にとっていいことをやろう」と話し、下校後の行動制限、他の職員との週末の〝仕事〟（施設内の掃除や営繕）を彼が続けるのを支えた。それは半年以上続いたが、ある時彼は、「〇〇さん（担当職員）が見ているからなぁ……たぶん盗むのはやらないと思うよ」といった。あくまで今のところ、ではあるが、その後はまだ再度の盗みは見つかっていない。

おわりに

「困」という字は、木を囲いの中に押し込んで動かないように縛ったさまを示す会意文字で、「縛られて動きが取れない」ことを指すのだという。ゆえに「困る」のだと。だとすると、困ったときどうするかの勘所は、この「縛られて動きが取れない」状態をいかに緩めるか、動きの余地のあるものにするかにあるのかもしれない。「困る」ことの解決の様態は、必ずしも問題や症状の消失とは限らない。困り方や困り方の比重がそれまでとはズレる（動きの余地が生じる）ことである場合もありうるし、むしろそのほうが多いかもしれない。

冒頭に述べた「質の良い困り方」とは、そのようなことを指す。つまり、一つの固定化した思考のループに突き進んでいかないような困り方である。本稿では、困りごとの成り立ちや構造を把握したり、養育者同士が一緒に抱えることで困りごとの重みが変わったり、それが困りごととなること自体を相対化して眺めたり、あるいは困りごとを子どもと向き合う契機にしたりする、などの視点を示した。これが可能となるためには、やはり、困りごとをめぐって、ああかもしれない、いや、こうも考えられる、と寄り集まって話をする状態を持続することが一番だと思う。それができる寄り合い所みたいなものが大事である。かつて私の職場では、いつも事務所（職員部屋）に飴やチョコレートが絶えないようにしてくれている職員がいた。こういう小道具？が案外大きい。そんなわけで私も、「困った、困った」と延々と話ができるよう、お茶を入れたり掃除をしたりしながら、今日も努めたいと思うのである。

※文献
（1）増沢高『虐待を受けた子どもの回復と育ちを支える援助』２００９年、福村出版
（2）村上春樹『村上ラヂオ３・サラダ好きのライオン』２０１６年、新潮文庫

第10章　親をめぐる困難

現代の家族が強いられているさまざまな現状に関して、私はある方から、「〝家族がいるのだから家族が面倒を見ろ〟、これは家族が手助けも得られずに追い込まれてきた、でも言うほうはあまり深く考えずに言ってきた言葉です」と聞かされた。「手助けも得られずに追い込まれてきた」「言うほうはあまり深く考えずに言ってきた」……こういった表現からは、家族の大変さを分かりもせず、固定観念を投げつけて家族を苦しめてきた無神経さへの問題意識が感じられる。

私はその方の問題意識を聞きながら、少し複雑な心境だった。確かに、私も同様の問題意識は持っている。子育ても、病を得た方の療養も、障害のある方のケアも、家族が過度な負荷を一身に負いがちな現状はどうにかしなくては、という思いは強いほうだと思う。だが、児童養護施設の職員である私は、家族（ここではもっぱら親）に対して、「もうちょっとなんとかならないか」と思うことがあるのも確かで、そういう見方から私はまだ自由になれていないのである。

だから、まずはそこから出発しよう。本章では、私が「もうちょっとなんとかならないか」と親に対して思ってしまうこと（困難としての親）を描き、そしてそこから親自身が抱える困難や、子どもが親の存在をこころの中に位置づけていく困難など、親をめぐる「難しさ」について、少しずつ視界を広げていけたらと思う。

困難としての親：子どもにとって

私が親に対して「どうにかならないか」と思う時というのは、例えばこんな時である。以下に断片的にいくつか挙げる。

〈事例1〉

小学2年生のA君は、ある日の夕方、私の姿を見つけるとニコ～っと笑ってキュッと抱きついてきた。日ごろはあまり表情がなく、反応の薄いA君にしては珍しいことである。「今日、母ちゃん来るんだ～。」嬉しさが溢れ出ていた。

だが、その晩母親は来なかった。これまでもこういうことはあった。むしろ、約束は破られることのほうが多かった。では、A君はこういう事態にもう慣れっこで、さほど傷つかなくなっているか？　約束が必ず破られたなら、あるいはそうなったかもしれない。だが厄介なことに、約束は法則性もなく時々守られた。これはかえって始末が悪い。また破られるかもしれないと思いつつも、期待して待ってしまう。そして期待した分、破られたときは落胆する。

A君の担当職員は、日ごろから母親と連絡を取ることを試みていたが、電話が通じない。折り返しの電話もない。母親はそのうち若い男性を伴って面会に来るようになった。「伴って」と言っても、その男性は車で待機している。しばらくして、母親の足はますます遠のくようになった。A君は表立った変化は見せなかったが、この頃、私との心理面接では、箱庭にたくさんの水を入れ、あふれさせることがあった。私はその真剣さに圧倒される思いだった。

〈事例2〉

小4のBちゃんの父親は、1年経ったら子どもたちを引き取ると言っていた。施設の近くに引っ越し、子どもたちと行き来しやすい環境を作り、引き取れる練習をしたいとも言っていた。だが、3年経っても4年経っても元のアパートに住んでいる。状況を尋ねても、「何度も団地の抽選に申し込んでいるのだが当たらない」と言うばかりである。「生活保護の人は優先的に入れるはずですけど……」と生活保護担当のワーカーはいぶかしがっていたが、その後、どうも彼女ができたらしい、団地にも申し込んでいなかったのではないか、との話が出た。中学生になっていたBちゃんは、このころにはもう、「親の言うことはあてにならない」と冷めた目で認識するようになっていた。

〈事例3〉

高校2年生のC君は、長期休暇の折、父親の家に定期的に帰省していた。帰省自体は彼が小学生の頃からずっと続いていたことであったが、ある日、彼が担当職員に言いにくそうに言ってきた。「ここのところ、財布から金がなくなるんだけど……」。アルバイトするようになってお金を貯め始めたところであった。状況から考えて、父親以外にありえないという。信じられないけど、でも、あってもおかしくはないな、とあっさりいう。

困難としての親：職員にとって

以上に挙げた例は、ちょっと気の毒になる話である。いや、ちょっとどころか、心理職の私などより、子どもと一緒に生活している担当の職員は、一緒になって傷つき、本気で怒ることもしばしばである。だが、親の〝身勝手さ〟や〝理不尽さ〟に腹を立て、子どもに肩入れしたとしても、それで子どもに近づき、味方になれたと思ったら大間違いである。子どもを気の毒に思って護ったつもりが、気づいたら敵になっていた、ということはありうることである。

〈事例4〉

母親からの身体的虐待を理由に入所していた小5のD君は、自身も乱暴者で通っていたが、ある時、親元への週末帰省から戻った折、痣や傷があることが発見された。尋ねると、母親にされたという。そもそも「虐待」ケースである。こんな事実を発見しておきながら通常通り親元へ帰すことは、当然できない。児童相談所とも相談し、週末帰省はしばらく見合わせることとなった。「D君をこれ以上傷つかせるわけにはいかないから、お母さんがちゃんと約束してくれるまでは、ね」。それを聞くとD君は、「母ちゃんひでぇんだよ、こんなふうにされたんだ」と、少し得意げとも見える勢いで、叩かれた時の様子を詳しく語った。

だが、職員と少し良い関係になったのも束の間、その後、本人の乱暴さ加減はこれまで以上になっていった。他児に対してのみならず、次第に職員に対しても暴言や暴力が出始め、それは徐々にエスカレートしていった。暴力の呼び水となるのは母親に密かに持たされた、本人の喜びそうな電子機器類で、施設の決まり事と抵触するものばかりだった。この間、外泊は見合わせていたのだが、児童相談所、施設、親の話し合いの上、数時間の外出は再開されていたのだった。職員は、「子を思う気持ちは有り難いけれども、他児が持っていないような高価な物品は破損や盗難などトラブルのもとにもなるので協力してもらえまいか」と申し入れた。母親はその場では割と感じ良く頷きながら理解を示すが、面従腹背なのか、忘れてしまうのか、しばらくするとまた見慣れない物品が持ち込まれているのだった。

その物の扱い方をめぐって職員が注意すると「母ちゃんが持たせてくれたものにケチをつけるのか」と激昂し、職員がさらに注意すると物を投げたり棒を振り回したり暴力を振るい始める。言葉による制止は難しいので抱きかかえて制止すると荒れは激化した。それだけでなく、外出の折、母親に「職員にこんなふうに手を摑まれ、首を絞められた」などと語っていたようだった。それを聞いた母親が職員の無能さや接し方についての批判的な感想をもらすと、彼はさらに職員を価値の低いものと見なし、いっそう聞く耳を持たなくなっていくのだった。

親の抱える困難

上の例で、私たち職員は、彼がもともと癇癪持ちだったこともあって、初めは他児との関係や学校でのストレスなど、彼個人の要因ばかりをあれこれ考えていた。だが、過去数年の流れ全体を考え合わせると、どうも職員との関係がいい感じで近づき、施設生活が軌道に乗り出すと母親のこういう動きが増えてくるらしいことに目が行くようになった。後になって分かったことだが、家庭引き取りをほのめかすこともあったようだ。子どもが他者と親密になっていきそうになると、自分への忠誠心を刺激し、足場を揺らして引き戻すような働きかけをするといったカラクリがあるのでは……？　考えてみれば、母親にはこの子以外の人間関係が社会の中にほとんどないようだった。母親からしてみれば、思い通りにならないことだらけのこの世において、せめて自分の子くらいは思う通りであってほしい、ということだったのかもしれない。

これに限らず、親が子どもや施設にとって困難となるような振る舞いをする背景には、孤立感や被害感、不遇感があることが多いように思う。先に述べた〈事例〉はどれも、親の側から言わせれば、まったく違った語り口による、まったく違ったストーリーになるに違いない。「この子のことであんなに苦労してきたのに、なぜこの自分が責められなければならないのか」、「この上まだあれをしろ、これをしろと要求するのか」、「経済的にも精神的にも厳しかった時も、自分こそがあの子の傍にいた。なのに、なぜ今、自分は危険人物として遠ざけられ、昨日今日登場したばかりのあいつらが〝この子を護ってます〟みたいな顔をしているのか」等々、納得いかない気持ちが渦巻いているのだと思う。子どもにきつく当たったり、施設にクレームめいた言動をしたりするのも、ズタズタになった自尊心をせめて相手を謝らせることで挽回したい気持ちが働いているからなのかもしれない。だが、思い描いたような反応を相手がしてくれることはまずないので、自尊心は一層傷つき、苛立ちやみじめさが（そうとは自覚されないままに）募る結果になることがほとんどなのだろう。

そういった思いは、実は施設の職員なら多かれ少なかれ身に覚えがあるはずである。職員として親に向けた批判めいた視線や言辞が、まさにその通りの形で養育者たる自分たちに向けられることもあるからである（親本人から、あるいは「外」の「善良な他者」から）。うまくいってない時ほどその思いは深くなる。「だから親の気持ちがわかる」などと安易には言えないけれど、「養育の専門家」として決して褒められたものではない言動をしてしまうときの潤いを欠いた心情は、親の対岸にあるものでは決してない。だが、それでも、うまく親と連帯できないことはしばしばある。

親をめぐる複雑な思い

親は親で自分の生活や傷つきで手一杯。だが、そういう事情や心情が親側にあるとしても、それらはあくまで親側のものである。子どもは子どもで、やはり自分のことで手一杯である。時に、必要以上に親への気遣いを見せる子もいるけれど、それとて手一杯さの表れである。

児童養護施設に入所している子どもたちは、理由はどうあれ、程度の差はあれ、例外なく親との分離を経てそこで暮らしている。だから、親をどのような存在として見るか、親との関係をどうするか等は、子どもにとって当然大きな問題となる。だが、彼らは親に対する気持ちをまとまった言葉にして語ることはさほど多くはない。そう簡単に正面から言葉にはできないという面がやはりあると思う。というのは、断片的・間接的にならなら、その重さをうかがえるからである。先の〈事例1〉に挙げた喜びと落胆はもちろん、〈事例2〉の割りきった態度、〈事例3〉の諦念にも見えるあっさりさ加減に、かえって深い思いが感じられる。

そして、その「深い思い」は複雑である。「虐待」された当の子どもが、親に対して単に傷つき、怒り、呆れてばかりいるかと言うと、大抵はそうではない。それどころか、「世界一の憧れ」にまでなっていることさえある。〈事例4〉のように、外から差し伸べられた支援の手を片方の手で握り返すと同時に、もう片方の手ははねつけていることもある。親との関係の大変さを慮るようなつもりで関わると、いつの間にかその慮りが「親を傷つけるもの」と認識され、反発の対象になっていたりもする。「あんな目にまで遭っているのに、なんで?」と支援者側としてはつい思ってしまうが、親というものは、最も深い怒りや恨み、恐れや傷つきの源泉であるのと同時に、やはり最も庇い、つながりを保っていたい対象でもあるということなのだろう。このつながりを手放したら、もう虚空にでも投げ出されたような心境になるのかもしれない。

理想や願望の喪失、その傍にいること

だが、子どもたちは、〈事例〉で述べたような「困難としての親」を繰り返し経験するうちに、やがて少しずつ、実際の親、そういう親を持つ自分、これまでの自分、これからの自分…など、

「現実」について考え、受け入れることを余儀なくされていく。それは、それまで漠然と抱いていた、理想的な親、こうあってほしい親、やがては望む方向に動いてくれるであろう親…のイメージを――さらに言えば「希望を託していた未来」を――失っていくことでもある。

私たち施設職員は、その喪失に対してはなにもできない。できるのは、傍でその喪失を感じながら、悼みながら、変わらぬ日常を維持すること、そして、子どもがさまざまな人と出会い、経験を積み、こころの中に現実の親や自分を収めていくための時間と場を護ることだけである。時には親についてのさまざまな心情を聞き、感想を述べることくらいはあるかもしれないが、何にせよ、それは一朝一夕には果たせない作業である。子どもは親と一緒に過ごした実体験の基盤が少ない分、理想や願望と現実に折り合いをつけることが難しく、「しっかり失うこと」ができにくいからである。また、しっかり失ったら失ったで、その喪失感はやはり大きい。怒りや恨みはもちろん、持って行き場のない微細な感情をどう扱うかの問題もある。いずれにせよ、喪失感の追悼には長い時間がかかる。たいてい施設にいる間では終わらない。施設を出る頃が実質的なスタートになる場合もある。だから、職員としては、施設を出た後も子どもの個々のこころの中でこの困難な作業が続いていることを意識しておく必要がある。

本当は、子どものこのプロセスがうまく進んでいくためにも、これに先立って、あるいは並行して、親自身の傷つきや怒り、恨みなどを手当てする必要がある。そうでないと、親が子どもの複雑かつ微妙な心情を慮る余裕を持てず、むしろ子どもを非難したり傷つけたりする動きが出かないからである。しかし、児童相談所職員や児童養護施設の職員がそれをするのは難しい。児童相談所は親子を分離する張本人という側面がどうしてもあるし、施設の職員も、児童相談所ほどの対立関係は免れやすくはあるけれども、親をめぐる子どもの一喜一憂や、それが生活へもたらす余波を身近で浴びる分、「親から見たストーリー」を内側から体感し、親を支えることは難しいからである。養育者として、子どもに苦労する気持ちがよくわかることは確かにあり、その部分で連帯が可能な場合もあるが、親の言い分をしかと聞き届ける、というスタンスに立ち切ることはできない。だから、そこに徹した上で親と子をつなぐ役割を担うパートが要ると思うのだが、それができる機関や人はなかなかいない。そこが課題だと思う。

本章は「困難としての親」を描くことから出発し、親自身が抱える困難、子ども、親それぞれが自身の痛手をこころに収めていく困難へとめぐっていったが、結局「難しさ」以外のどこにも行けなかった。親は大きな喜びや励みを子どもにもたらすこともあるはずなのに。そういう面も逃さずとらえられるようになりたいものだが、親子関係というものがそもそも本質的に難しいものである上に、親と直接会うことが多くない私の仕事柄というのもあるだろう。どうも今の私にはまだ手の届かない、遠い課題である。

第11章　暴力について
——閉鎖状況における困難

はじめに

暴力は「あってはならないことだ」と言われる。至極その通りで、異論の余地はない。あっていいわけはない。しかし、これは一般則とさえ言えるように思うのだが、「あってはならないこと」は、往々にして「しばしば起こること」でもある。政治家の不正・不祥事然り、警察官の犯罪然り、そして、施設内の暴力も。

もっとも、「あってはならないこと」が「しばしば起こること」だと感じられるのは、実際の発生頻度や発生確率の高さというよりも、「本来あってはならないのに」と思う分、ひとたび起こるとインパクトが強く、「またか」との印象になりやすい面があるかもしれない。だが、施設内の暴力はそうではない。実際に「しばしば起こること」である。本稿では、この「あってはならないこと」が「しばしば起こること」となる背景と、それへの対応について考える。

大人から子どもへの暴力

児童養護施設は大人（職員）と子どもが暮らす場なので、施設内の暴力と言った場合、理屈からすると、①子ども間の暴力、②子どもから大人への暴力、③大人から子どもへの暴力、④大人同士の暴力、の4種類がありうる。この順序は私の実感による頻度の高い順だが、何のための施設か省みたとき、まず考えるべきは③だろう。ここから始めよう。

「閉鎖状況における加害／被害」が本稿の背後に据えられているテーマなので、これを下敷きに施設における職員から子どもへの暴力について考えようとすると、まず思い起こされるのは、「スタンフォード監獄実験」である。すなわち、一定の閉鎖状況（システム）の中で、とくに残忍でもない〝普通の人〟が、通常ではちょっと考えられないような残虐な行為をするようになってしまう現象、またこれを逆の側から言うなら、絶対的な服従関係の中で抑圧され続けると、人間はいともたやすく自己の尊厳が損なわれ、従順になってしまう現象のことである。

といっても、私は今の児童養護施設全般にそのような事態が蔓延していると言いたいわけではない。むしろ子どもを大事に育てようと、日々エネルギーを注いでいる身近な職員たちの姿を思うと、いくら連想とは言えこんな極端な例を持ち出すのは物騒で、申し訳ない気もする。だが、では私たち職員はそのような現象とはまったく縁がないか。私は無縁とは思わないほうがいいと考えている。その現象を引き起こす要素は、大仰な仕掛けはなくとも、微分化された形でひそかに私たちの養育に入り込む可能性があるからである。

固定的な関係の中でのエスカレーション

「スタンフォード監獄実験」は、個人の尊厳の意図的な剝奪や、絶対的に固定した役割と関係性の中で、上述のような現象が生じることを示したものである。現在、施設の規模や生活単位に関しては、なるべく小さく「家庭的」なものにしていこうとする動きがあり、かつて主流だった集団主義的な養育は退潮し、一方的な収容性や管理的側面も減っていると考えられる。

しかし反面、特定の職員による小規模で「家庭的」な養育は、限定されたメンバーの閉鎖環境の中で、大人－子ども間の関係性を固定させることにもなる。これはむろん良い面もたくさんあるのだが、関係性がネガティブなもの（たとえば支配－被支配的なもの）に傾いたとき、修正の機会を持てないままエスカレートしていくポテンシャルを孕んでいる。「普通の家庭」が必ずしもパラダイスとは限らず、時に危険を孕んでいるのと同じである。尊厳の意図的な剝奪はなくとも、食事の量や内容、衣類の選定、言葉の選択や語調など、微妙なところで半ば無意図的に子どもの尊厳が傷つけられることはある。当事者は自身の支配性には無自覚で、むしろ懸命に関わっているのに子どもが応えてくれない、と他罰的・被害的になっている場合もある。そのエスカレーションの中で暴力に至ってしまうことがある。

このような場合、関係性の内部で、自力による軌道修正はまず不可能といってよい。だから、この閉鎖性をいかに開放するかが最重要となる。だが、これはそう容易ではない。内外のカンファレンスやコンサルテーションの必要性が言われるが、こういった基本的な手立てで流れが変わるくらいなら苦労はない。有効な場合もあるにはあるが、一定水準を超えると外部からの声は「現場を分かってない」などと無効化されてしまう。組織としての判断と介入（配置換えなど）が必要な場合もある。

周囲による歯止めの効かなさ

閉鎖状況に伴う現象としては、これに加えてもう一つ、重大なものがある。それは、周辺にいる人もその逸脱行為を止められなくなるという現象である。現代の施設において、積極的に子どもを貶めたり、絶対的な服従関係を強いたりする職員が跋扈できる環境が平均的にあるとは思わないが、行為それ自体を問う視線が「職務熱心な」職員への気兼ねで曇ることはある。単に遠慮だけではなく、同胞意識がそこに絡まることもある。

以前、ある施設の職員が、同僚が起こした体罰事故をめぐって腹を立てていた。といっても、腹を立てていたのは事故を起こした同僚その人にではない。むしろ同僚の行為を批判し、反省を求める一部の動きに対してであった。なぜか。その人の言い分はこうである。

「『体罰はいけない』だって？　そんな当たり前のことは誰でも分かっている。だが、そんな分かり切ったことになぜ彼女が陥ってしまったのか、そこに目が向けられなくていいのか。当時彼女は通常以上の業務を背負い、さらに新たに来た、対応困難な子どもと向き合うことを余儀なくされていた。そこに誰も手を貸さなかったじゃないか。彼女だって日ごろから体罰を肯定していたわけじゃない。彼女の体罰は、切羽詰まった状況の中で思わず出たものであって、それを糾弾することは、ただでさえ孤軍奮闘を強いられていた彼女をいっそう孤立状況に追いやることに他ならないではないか」。その職員の腹立ちは、批判している職員たちが、彼女ほどには真剣に子どもと向き合っているように見えなかった——少なくともその人の目には——ことも大きいようだった。「彼女は体罰を振るってしまったその何十倍も、子どもに寄り添い、お世話をし、共に笑ってきた。体罰の一事は、それらをも全否定してしまうのか。子どもと深くかかわっていれば、ある種の危険領域に踏み込んでしまうことはある。そこに踏み込んだこともなく、また踏み込もうともせず、安全地帯で評論してばかりいるような人たちに、なぜ彼女を責める資格があるのだ」。

ああ、これは身に覚えがある——私もかつて、似たような思いを持ち、そう主張したこともある。だから、その職員の言い分も感覚も、よく分かる気がした。今でも主張のすべてが間違いだとは思わない。だが、基本的なところで間違っていたと今は思う。思うに、こういう感覚こそが施設内に暴力が温存されてしまう苗床なのだ。そしてまた、長期的に見れば、体罰した職員を本当の意味で護ることにもならない。

たしかに、暴力を振るった職員が、その一事を以って職員として直ちに失格ということには

（内容と程度にもよるが）ならない。それまで子どものために費やしてきた日々が根こそぎ否定されるべきとも思わない。孤軍奮闘で切羽詰っていた状況に対しては相応の手当てが必要だったろう。職員体制やチームワークはどうだったのか。そこは周囲も省みなければならない。だが、それはそれとして考えられるべきなのであって、行為は行為としてしかと見据えられ、否定されなければならない。行為を否定することは、その時その人を取り巻いていた労苦を慮り、寄り添うこととなんら矛盾しない。また、状況次第では自分も起こしうる〝わがこと〟としてとらえ、共に考えることとも矛盾しない。それらは行為を厳しく問うこととは別の次元にある。この場合の「厳しさ」とは、非難や処分の軽重ではない。その行為の経緯や背景を脚色なく見つめるということであって、当該職員だけではなく、むろん施設全体に課せられているものである。当事者だけでは限界があるので、しっかりとコミットしてくれる第三者の見解が必要だろう。ただしこれは、事が起こってからの制度化された「第三者評価委員」などだけではなく、来客や近隣の方々、実習生などが漏らす感想にも日ごろから開かれている土壌があってこそ生きるのかもしれない。

なお、私の見解では、「暴力はいけないと分かっているが、思わず出てしまった」と言っている人は、実のところ、本当は暴力を否定しきってはいない。そこに至る自分をどこかで赦している。「人間なのだから、時に踏み越えてしまうことはある」といった、人間論めいた了解がなされている場合もある。たしかにそれはそうだ。人間は間違える存在だし（だから、間違いに気づいたら率直に謝る。子どもにもそう教えている)、その厄介さの深みは果てしないものだろう。しかし、それは大人が自身の行為を容認できる理由にはならない。倫理的にもそうだろうが、後述するように、臨床的な意味からもそれが言える。

子ども間の暴力、子どもから大人への暴力

上述のように職員を戒めるようなことばかり書いていると、「それはわかるけど、暴力に曝されているのはむしろ自分たちなのになぁ」という嘆きが現場の職員から聞こえてくる気もする。実際、感覚としては、発生頻度と対応への苦慮は「②子どもから大人への暴力」のほうが多くを占める。また、これは「①子ども間の暴力」に介入する中で起こることも多い。「あってはならない」施設内の暴力を、「しばしば起こること」に押し上げているのはもっぱらこの①だろう。よく言われることだが、現在入所して来る子どもは大きな困難を抱えていることが多い。「虐待」をはじめ、心身の育ちに不利な状況を生きてきたことに由来するであろう困難である。その中には、暴力的な言動や支配・被支配関係への馴染み、衝動性の制御の問題なども含まれる。結果として、人と上手に関われず、暴力的な関わりが出やすくなる。また、そのような生育史的な背景によるものばかりではなく、施設の子ども集団の中で伝承された、暴力的・支配的な文化が作用している場合もある。うっかりすると、大人が子ども間の力関係を利用してしまうこともある(たとえば職員の自分より高校生の言うことをよく聞くので、高校生経由で子どもを動かそうと

するなど）。

いずれにせよ、そのような子どもたちがこの社会で多少なりとも生きやすくなるためには、安心と安全を基調とした、暴力的・支配的でない関係性に身を浸し、それまでとは違う認識や行動の様式を身につける必要がある。「気持ちは分かる。でも、暴力は絶対ダメ。別のやり方を一緒に考え、やってみよう」という大人の姿勢の堅持がそこにつながる。だから、それを子どもに揺るがず言うためには、大人が自身の暴力を容認してはならないのである。先に述べた臨床的意味とはこのことを指している。

その上で、子ども同士の暴力はもちろん、大人への暴力も決して大目に見ない。許容すると養育の場における主軸を壊すことになり、結局は子どもたちの安全や安心感をも壊すことになってしまうからである。ただし、許容しない姿勢は当然のことながら非暴力的になされなければならない。子どもとの関係性の中で抑止力が働けばよいけれども、そう理想通りにはいかないこともある。暴力が頻発する流れが強固な場合には外部機関の手助け（児童相談所による一時保護など）も時に必要である。それまでの流れが憑き物が落ちるように切れる場合もたしかにある。

大人同士の関係性

さすがにというべきか、「④大人同士の暴力」には私はまだ遭遇したことがない。だが、暴力という物理的な力の行使はなくとも、ベテラン職員との上下関係や同僚との力関係、あるいは職員のグループ化による圧力などの影響で、一方の職員が他方に口出しできないまま身動きが取れなくなることは見聞きし、また経験もしてきた。子どもは大人同士のそういう関係を実によく見ているものである。管理職は他の職員を尊重しているか、先輩職員が後輩職員を顎で使っていないか、中堅職員がベテラン職員におもねってはいないか……。「だれがいちばんえらいの？」とは小学生も時々口にする言葉である。もし、自分が決めたのだから文句を言うなとばかりに管理職が他の職員を軽視し、そのような対話性を欠くあり方が常態化し、そしてそれに誰も口出しできない状況が続くなら、それはおのずと職員の子どもに対する強硬な態度となって波及するだろう。それが強い子どもから弱い子どもへの強圧的態度となって波及し、それはまた弱い子どもが大きく強くなった時の支配的態度となって循環していくであろう。そしてそのような文化の矛先が大人に向かった時、大人はさらに強圧性を強め、循環を強化させることになるだろう。

組織である以上、責任の所在や意思伝達・意思決定の系統が整っていることは必要だろう。だが、「暴力は絶対容認しない」「自分を大事にし、相手も大事にする」ということを職員に求めるなら、また子どもたちにも求めるなら、そして施設全体にそういう文化を作ろうとするのなら、まずは大人同士でそういう関係性と風土を築く必要がある。これは結局のところ、リーダーがどのような考えを持ち、実際どう振る舞っているかで大勢は決まるのではないかと私などは考えているのだが、どうであろう。ずいぶん前、私の施設を訪れたある方が「勇将の下に弱卒無し」という言葉を遺して下さったが、逆はどうか。もしリーダーが、自分のもとに集まるのが弱卒ばかりであることを嘆くなら、自身が勇将なのかどうか、少し省みたほうがよいかもしれない。

おわりに

施設内暴力という「あってはならないこと」が「しばしば起こること」になってしまうのは、そもそも暴力というものが人間にとってとりわけ厄介で、本来的に御し難いものであるからという面もあるだろう。それが生じやすい状況や関係性の中で、その制御がことのほか不得手である子どもたちと生きるのだから、児童養護施設という場は、支配性や暴力の抑止に関し、もっとも工夫と努力が必要な場といえるのかもしれない。暴力を否定する姿勢を堅持すること、外のシステムとのつながりに開かれるよう努めること、大人同士が一方的・強圧的ではない、相互に他者を尊重する風土を作ること……これまで述べてきたことが絵空事でないかどうかは、もちろん私自身が実務の中で毎日試されることである。

※文献

フィリップ・ジンバルドー（鬼澤忍、中山宥訳）、『ルシファー・エフェクト　ふつうの人が悪魔に変わるとき』（２０１５年、海と月社）

第12章　私の仕事の魅力と難しさ

私の仕事の難しさ

　この章のテーマは「仕事の魅力と難しさ」だが、まず難しさから語ろう。

　一般に、心理臨床はそこに携わる人間のものの見方（価値観や視点）に極めて大きく左右される。たとえば不登校を「集団への適応力のなさ」と見るのか「過剰な適応努力の破綻」と見るのか、あるいは自傷行為を「関心を引くためのアピール行為」と見なすのか「人に頼ることができないゆえの孤独な対処行動」ととらえるのか、どちらを採るかで援助の方向性はずいぶん変わってくる。どう見るのが妥当と考えられるか、多くの先達がさまざまな見解を示してくれている。もちろんそれぞれ貴重で参考にはなる。だが、（不登校なり自傷行為なり）ある表面化した現象に対して、何か一つの見方だけが正しくて別の要素はまったくない、などということは、多くの場合、ないように思う。

　たとえば、自傷行為はかつて信じられていたような「関心を引くためのアピール行為」などではない、むしろ「人に頼ることができないゆえの孤独な対処行動」なのだ、という見方が昨今なされるようになってきた。これは画期的な理解の更新であり、臨床家の蒙を啓くものであったと私は思う。しかし、では自傷行為に「関心を引くためのアピール」的な要素はまったくないのか、あらゆる自傷行為にそれがいえるのかとなると、それはそれで逆の教条主義のように思う。その人によって、あるいは時期・経過によって、どの側面に重きを置くのが援助的に作用するかの実践的見通しは異なってくる。

比較的バックグラウンドが近いはずの心理臨床家同士でもこの種の議論はしばしば侃々諤々になるが、ましてや児童養護施設は複数の職種が関わる養育（子育て）の場である。子育ては、ものの見方の多様性や振れ幅が介在する余地の大きさにおいて、心理臨床以上と言えるだろう。たとえばある子どもの「絶えず大人に相手をしてもらわないと落ち着けない」といった行動をどう理解するか？

まず、これを肯定的にとらえるか（「ようやく大人を求めることができるようになってきた」とか）、否定的に受け止めるか（「底なしの欲求」とか）が分かれる。その子が何歳か、これまでどういう経験をしてきた子か、どのようなプロセスの途上にあるのか、に関する情報の多寡で理解は全然違ってくる。どのような立場で子どもとかかわるか、あるいは子どもとどれくらいの距離感や濃度で関わるかによっても見え方は異なってくるだろう。職種の違いがここに作用してくる。

私の観察では、職種の違いよりも、どちらかというと価値観やパーソナリティの個人差のほうが結局は大きい気がするのだが、その違いに関して、それぞれが「専門性」の衣裳を纏ってもっともらしい理屈で妥当性を争いだすと、収拾がつかなくなる場合がある。何が妥当な見方として力を持つのか、組織内の人間関係みたいなものの影響もないとは言えない。

このように「正しさ」が錯綜するなかで、それでもなんとかチームとしての調和点を作り出していくこと。これはなかなか難しい。仕事の難しさとして、ここではそれを挙げておこう。

私の仕事の魅力

では、魅力はどうか。

履歴書に書く長所と短所が実質的には表裏一体であることが多いように、仕事の魅力と難しさもまた表裏一体であるように思う。私が仕事をしていて一番幸福な時間は、他の職員たちと子どもたちについてああだこうだと取り留めもなく話をしている無目的な時間である。「あの子、またこんなことやったんだよ」「やれやれ、昔からそういうところあるよね」「でもまあ、それがあの子らしさなのかもねぇ」……こういう時間が持てるなら、ほかには何もいらない。そう思うほどである（もちろんお給料はいるのだが）。

なんでこんなに楽しいんだろう？　もしかしたら人間はそういうふうにできているのではないか？　人類はこんなふうに、夜、焚き火を囲みながら延々と大人同士が子どもについて話し、面白がり、頭を悩ませ、それでも結局は愛おしみながら世代をつないできたのではないだろうか。

そんなふうにさえ思う。そして、そうしたおしゃべりの中で、ふと子どもの変化にきらめくような意味が見え、場が和むときもある。

あるとき、入所して3年が経過した小3年のAちゃんが、ある職員に借りたペンを「ありがと」と言って事務所（職員室）に返しに来た。その職員が「お、Aちゃん、『ありがと』が言えて偉いね」と言うと、Aちゃんは少しはにかんで去っていった。Aちゃんは入所以来、施設でも学校でも乱暴者で名を馳せた、いわゆるお騒がせな子だった。なので、あのAちゃんがごく自然に「ありがと」と言ったこと自体、私たち職員からするとちょっとした驚きだったのだが、さらにペンを受け取った職員はペンを手の中で転がしながら、言った。「なんかAちゃん、近頃ほめると照れるようになったなぁ。前はほめると不機嫌になって怒ってたんだけど」。一瞬の間の後、私を含め数人の職員が「おぉー、確かに。そいつはすごい！　すごいね、これは」と感じ入った。さて、ここで問題。なぜこれがそんなにすごいことだと私たちは思ったのか？

いくつか考えどころがある。まず、「ほめると不機嫌になって怒ってた」のにはどんな背景がありうるか？　よく「ほめて育てる」と当たり前のように人は言う。だが、「大人からほめられること」を素直に受け取れるには、その前提としてどんな経験が必要で、何が育っている必要があるのか？　そして、それを励みにできることは何を意味するのか？　むろん精緻な事例検討をここでしたいわけではないから、読者諸賢の自由な考察に楽しみは委ねよう。私たちの仮説は紙幅の都合上、割愛。

児童養護施設に来る子どものなかには、一般に当たり前とされているようなことがそう簡単にはいかない子もいる。なぜ当たり前のことがそう簡単にはいかないのか。いや逆に、なぜ多くの人はそれを当たり前のようにできてしまうのか。どのような条件がそれを可能ならしめるのか。さて、では「当たり前のこと」がそう簡単にはいかない子に対し、今からどんなかかわりや環境が必要なのか……。これらを多方面から学び、職員同士で考えながら子どもと月日を過ごす。その中で、「ああ、もしかしたらこういうことなのかもしれない」と不意に理解が進み、小さな変化を喜べることがある。つまり、私はお給料を頂きながら人が育つ上で大事なことは何かを教えてもらっているのである。それが魅力である。

この章では、「仕事の魅力と難しさ」というテーマに対し、あえて「難しさ」から「魅力」の順に書いた。この逆だと暗い気持ちになりそうだからである。子どもたちにも、難しさの後に魅力が見えることがあると、人生に対して感じてほしい。私たちはそう願いながら仕事をしている。書いた順番は、その反映という面もあるかもしれない。

第13章　継承をめぐる課題
──社会的養護において

はじめに

　思えば私はこれまで、その時々で切り口は少しずつ違うけれど、社会的養護における困難と課題、みたいなものばかり書いてきた気がする。この本の第2部全体がそうだといってよい。これらが書かれたのは実際には今からもう何年も前になるわけだが、さて、ではその月日の中で、以前私が書いた困難は解消されたか。かつて課題だったことはもう過去のものになったのか。どうもそうは言えそうにない。以前困難だったことは今も変わらず困難だし、課題は今もそのまま課題であり続けている。これはどういうことだろう。社会的養護の世界には努力も進歩もないということだろうか？　そうではないと思う。それらはそもそも解決も解消も容易には望めない「難題」であったのだと私は考えている。そして、残念ながら難題はまだある。この章では、これまで述べたものとはまた違う角度から社会的養護の困難と課題について考えてみたい。それは、「継承」という側面である。これを取り上げるのは、子育てという営為が内包しているものであるのに、あまり省みられることがない側面のように思われるからである。

社会的養護の「効果」は……？

子育てという営みは、個々に見れば、子どもを大人へと育てていく／子どもが大人へと育っていく唯一無二のプロセスである。児童養護施設の職員としては、日々の養育的なかかわりを通して子どもが種々の力を身につけ、育ちの上での不利や心身の傷つきから回復し、成長していくことがもっぱらの関心事となる。心理臨床的観点からすると、そのように生活が「治療的」な意味を持つよう、大局を捉えながら大小の工夫に努めることになる。当然、うまくいくこともあればそうでないこともある。思った以上に良好な経過をたどってくれた例もあれば、力を尽くしても思うようにならなかった例もある。仕事を続けていれば、こうした個別的な「成功」や「失敗」は積み重なっていく。

現場の職員は、そのように〝あくまでも個別的な一つひとつのプロセス〟に一喜一憂する。私も日頃はそればかりに拘泥している。だが、時々ふと、違った水準の問いが頭をもたげる。社会的養護の仕事を社会全体の中で総合的に位置づけたとき、いったいどういう評価になるのだろうか？ あえて細かな定義を不問にして、思い切りラフな言い方をするなら、「俺たちがいたほうが、いなかったときより幸せになる子は多くなったと言えるのだろうか。全体的に言って、子どもはより良く回復し、成長を遂げ、充実した人生を歩めるようになったのだろうか」という問いになる。いわゆる、「社会的養護の効果研究」的な関心で、これについては施設職員としての仕事実感だけをもとに語るわけにはいかない。しかし、これに応える可能性を含んだ、たとえばERA研究（ラター、2012）のような、長期縦断研究的なものは日本ではおこなわれていないのではないか。私が不勉強なだけで、実はあるのかもしれないが、少なくとも現場の職員が当然のように共有しているものとは言えないだろう。そのような検証知見の不足がまず問題だと思う。

共同体の継承への貢献は……？

先の問いは、さらに言えば、「自分たちの仕事は、社会（日本社会・人類社会）が良くなることに貢献しているのか」という問題意識につながる。いささか大仰な問いだが、そもそも子育てという営みは、社会全体においては、「今ある共同体を次世代に受け渡し、引き継いでいく」という側面がある。これはちょうど小浜（2003）が、「教育は、どんな文化・社会にあっても、それをいま受けている子どものためにあるのではなく、私たちの共同社会の秩序と繁栄を未来においても維持するためにある」と言っているのと同じ意味である。「いま受けている子どものためにあるのではなく」とはいかにも極端で、「子どものため」に仕事に従事しているという自負を持つ者からすれば受け入れがたいかもしれないが、この表現は「私たちの共同社会の秩序と繁栄を未来においても維持する」という側面を明瞭に示す文脈上のことであるので、ここに目くじらを立ててもあまり意味がない。ここで私が押さえたいのは、そういった側面を抜きに子育てを考えるのもまた一面的であろうということである。

もちろん、何をもって「幸せ／不幸せ」「成功／失敗」「効果あり／なし」「役に立つ／立たない」とするのか、それをどのような指標でどう評価するのかの問題はつきまとう。事例に付属する各種データを追跡する技術的、倫理的な難しさもあるだろう。その種のデータ入手に関しては、日本特有の困難もあるかもしれない。また、仮に「効果なし」となったからといって、それが即座に財政資源の撤収や政策・制度変更の理由になるべきかどうか、の問題もある。さらにその手前で、人間を「投資対象」と見なし、「将来経済効果を生むか否か」で評価する視座自体の問題を指摘する立場もあるかもしれない。これらを踏まえながら、何を指標に、どういうデザインで研究していくと良いのかは難題だろう。しかし、それらは政策・制度の評価や検証がなされなくてよいことの理由にはならないはずである。

もっとも、私がそれを求めるのは、結局のところは自分自身の実務上の励みが欲しいからなのだと思う。日頃私たちは、どれだけ悩んで力を尽くしても結局は罪を犯してしまったり生活保護で生きていかざるをえなくなったりした子どもについて、だからといってそれまでの関わりに意味がなかったとか、支援が失敗だったなどとは思わない（ようにしている）。子どもの個々の実存的観点からしても、たとえばよく言われるような、納税者（tax payer）になれば「成功」というわけではないし、なれなかったから「失敗」というわけでもない。個々の事例に関しては、その都度検討し、なにがしかの意味や次への一手を探ろうとする。けれどもやはり誰かに、それとはまったく違った水準からも言ってほしいのだ。「そういうこともあるかもしれない。でも、全体としてみれば、社会的養護の仕事にはちゃんと意味があるのだ」と。だから、「まったく意味がない」などという研究結果を突きつけられたら立つ瀬がなくなってしまうけれど、ヘックマン（２０１５）や山口（２０２１）などは、子ども（特に幼い子ども）の育ちを支えるよう財政資源を投入することは、概して、社会全体にもプラスになることを示している。社会的養護の分野においても、誰か賢く力量のある方が示してくれないか。たとえば、「不遇な養育環境下にあった赤ちゃんでも、○○の条件があればずいぶん回復し、成長する。そのような条件を見出し、作ることは、次世代の共同体全体を守り育てることにもなるのだ」といったような。そういった研究知見を生み出し、実践者も周知しているようなものにまでしていくことが今後のこの分野の課題だと思う。

養育者集団の継承をめぐって

「次世代の共同体を守り育てる」という観点で言えば、「次世代の養育者集団を守り育てる」ことにも大きな課題があると言わなければならない。昨今、どの業種でも人材確保・育成・定着は喫緊の課題となっているが、社会的養護の分野も例外ではない。いや、より急務かもしれない。以前私が人材確保の問題を書いたとき（第７章）は、当座の養育体制を維持できるかどうかばかりに目を奪われていたが、今、時間的視野を広げて考えてみると、それは養育組織としての持続性の問題も孕んでいたことが分かる。

児童養護施設においては、一施設あたりの職員の平均勤続年数は7・7年、5年未満の退職が約5割だという（全国児童養護施設協議会、2015）。別の調査では、全離職者のうち約半数が3年未満であり、勤続年数も全業種の平均を大きく下回っているという（認定NPO法人ブリッジフォースマイル、2013）。もっとも、職員構成の実情やその問題点を反映しているのは、勤続年数の平均より分布であろう。私の見知った範囲では、職員の勤続年数は、平均値だけ見れば長いようでも、実はフタコブラクダ的な分布になっている場合がしばしばである。正確に数字を取ったわけではないが、ごく大まかに言って、「7年程度未満」が一番多く、次に多いのが「15年程度以上」。この二つの山のはざまで「10年前後」の中間層が薄くへこんでいる印象がある。

このような分布は、もっとも子どもの近くにいて起居を共にする現場の職員層が絶えず入れ替わっていることを表しているといえるだろう。新入職員にとっては、キャリアが比較的近くて気軽に頼れる先輩を見出だしにくい状況がまま生じる。その中で、即戦力的に次から次へと生じる事態への対応を迫られる。うまく乗り越えてこの仕事を続けるか、あまり楽しむ余裕もなく考え直すことになるか、3～5年あたりが一つの山場となる。

このことは、ひと山ふた山越えて年季を積んだ逆の立場から言えば、施設の文化風土なり仕事上の理念やメソッドなり、培った「大事なこと」を受け渡しうる相手がはるか下の世代になっている、ということを意味する。5年～10年ほど下の手近な後継世代を欠いている場合、勤めて日の浅い者に運営やマネジメントをそうおいそれと任せるわけにはいかないから、「まだしばらくは」と担うことになる。周囲からも「いや、まだまだやっていただかないと」などと言われたりもする。するとますます受け渡しにくくなる。こうして次世代への継承は困難を抱えることになる。

「大事なこと」の継承は、いつの時代も、どんな職業世界においても難しいことである。先行世代が「なんとしてもこれを受け継いでほしい」などとこだわると、自由度を失った窮屈な押し付けとしてかえって受け入れられ難くなるおそれがあるし、下手をすると、「なぜ分からないのか」としか考えられないために後続の芽を損ねてしまいかねない（時としてみられるようだ。しかも無自覚的に）。かといって、そういった思いがまるでなく、伝える努力が皆無であれば、引き継がれるものも引き継がれないだろう。

結局、継承というものはそうそう狙い通りにできるものではなく、今を担う者が本当に大切だと思っていることを精一杯語り、体現するほかないように私には思われるのだが、どうなのだろうか。それを見て、何ごとか感じる人は感じるし、感じない人は感じない。受け取るよう努める人は受け取るし、そうでない人は受け取らない。それは客観的な年齢差や勤続年数とはさほど関係がないように思う。後は、信じて任せることができるかどうかの問題のような気がする。しかし、それがなかなか難しいがゆえに、人を育てるはずの職業集団において、新時代を担う人が育ちきらないまま辞めていく、なんとも皮肉な事態が生じることになる。

このような事態に対して、行政も現場も問題意識は強くもっており、人材の確保や育成の体制整備に向けて努力はなされている。より手厚い人員配置に向けて予算の拡充が図られるようになったし、また単に職員の頭数を多くするだけでなく、職員の資質や技量、チームワークの向上を図る研修が絶えず企画され、一定の研修を受ければ給与面での待遇が改善されるなどの方策が講じられるようにもなった。よき人材の確保を図るなら、こうした財政資源の投入がまずは必要であろう。その上で、ここでも前項同様、そのような制度や政策を評価し、検証することが課題になってくると思われる。

職種の継承について

継承をめぐる課題について、最後に少し、自分自身のことも省みよう。これはつまり、職種の継承という課題である。私は児童養護施設の常勤心理職を20年以上やっている。私なりに、先人の教えを受け継ぎながら仕事をしてきたつもりではある。勤め始めた時には20代だったが、今もう50代である。常勤心理職の雇用枠は今のところ一施設につき1人分しかないから、このまま私がこの施設に〝居座り〟続ける限り、若くて新しい常勤の心理職は入って来ないことになる。すると60代で定年になって私がいなくなったとき、次の方は20代半ばくらいということがありうる。いきなり一気に若返るわけで、これは施設にとってよきことだろうか。あるいは大いに喜ばれてしまうかもしれない（それはやはりちょっと寂しい）が、それにしてももう少し重なりながら、少しずつ次代へとつないでいけないものだろうか。他の施設で長くやっておられる常勤心理職の方はどう考えているのだろう。また、思えば心理職はどの職域においても一人職場であることが比較的多い。他分野の方たちはどうしてきたのだろう。

もっともこれは、実はそんなに心配するほどのことでもないという思いもある。同じ職場で時間と場を共有することはなかなかできなくても、心理職の資格・職能団体によって社会的養護で働く心理職向けの研修が企画されることはたびたびあるし、20年前に比べたらこの分野の出版物もずいぶん増えた。また、地域にもよるが、施設心理職同士の勉強会が定期的になされているところもある。その気になれば、結構な量の知見にアクセスできるはずである。そして実際、私より若くてキャリアの短い施設心理職が言ったり書いたり話したりしているのを見ても、私などよりよほどしっかりやっているように思えることは多い。「この分野における心理職」の蓄積は着々となされているのだ。そう思うと、自分など、いついなくなってもまったく差支えがないんじゃないかという気になってくる。

いや、そんなことを考えるのはさすがに早すぎるだろうか。私は、誰かに何かを伝えたい、受け継いでほしいなどと考えたことは——少なくとも自覚的には——ほとんどなく、それは自分の性質によるものだと漠然と思っていたのだが、よく考えたら、受け継いでほしいと思う何かを特にもっているわけでもないのであった。私の場合、心理職として誰に何をどう継承するかを気にかける遥か手前で、継承に値するもの、継承してほしいと願うほどのものを摑み、築くことのほうがまだまだ課題というべきなのであろう。

※文献

認定ＮＰＯ法人ブリッジフォースマイル調査チーム「全国児童養護施設調査２０１２　施設運営に関する調査」、２０１３年（bfcf232bae6edc81cc25282451723ef9.pdf (b4s.jp))
ジェームズ・Ｊ・ヘックマン（大竹文雄解説・古草秀子訳）『幼児教育の経済学』２０１５年、東洋経済新報社
全国児童養護施設協議会「施設における人材確保等に関する調査報告書」２０１５年
マイケル・ラター（上鹿渡和宏訳）『イギリス・ルーマニア養子研究から社会的養護への示唆―施設から養子縁組された子どもに関する質問』２０１２年、福村出版
小浜逸郎『やっぱりバカが増えている』２００３年、洋泉社新書ｙ
山口慎太郎『子育て支援の経済学』２０２１年、日本評論社

第3部

臨床とその周辺

第14章　〝周辺の厚み〟がもたらすもの

はじめに

「周辺の厚み」が本章のテーマであるが、養育という営みに「周辺」という言葉を用いることには異論もあるかもしれない。「周辺」というからには「中心」があるはずで、その構図に従うと自動的に「中心」のほうにより高い価値があるように思えてしまうからである。だが、自身にとって意味ある経験をもたらしてくれるのは必ずしも「中心」と目される何かとは限らない。「子どもの視点からすると、ある場合、忘れがたい本質的なことを学んだ、あるいは自分の存在の根幹を保証されたというような貴重な経験を周辺とされる人との出会いによって得ることが少なくないと思われる」（村瀬、２０１５）のである。

しかし、ここではやはりこの言葉で考えてみたい。というのは、それにより、日ごろあまり目に留めずに通り過ぎてしまうものをとらえることができるように思われるからである。本章では、まず、「周辺」というものに対する私の問題意識を述べる。次に、本来の人間の養育は、「中心」「周辺」という観点からはどうとらえられるかを考える。最後に、「周辺」の意義と役割を考える。

「周辺」への関心

「周辺」というものは、私が専門領域に進んで以来抱き続けてきた関心事であった。私は一応、臨床心理学を専攻していることになっていて、心理療法と呼ばれる分野についての授業や研修を少なからぬ時数受けてきた。大学院に進学し、修了し、試験を受けて臨床心理士や公認心理師という資格も持っている。だから世間的な基準から言うと、「専門家」と見なされるであろうことは承知しているし、またそう言わないことには申し訳が立たない気もする。だが、一人の困難な状況にある人を前にしたとき、時間を費やして得てきたものにいかほどの意味があるのかと考えると、決まって心許ない思いがした。と言っても、自分が学んできたことは何の意味もないとか何の役にも立たなかったなどと言うつもりはない。私は、これまでの自分なりの学習プロセスがなければ今程度の仕事すらできなかったと確信を持って言える。だが一方、心許なさも同居しているのである。これはなぜなのだろう?

おそらくそれは、私の心許なさの源が、「私と同程度の学習歴や研修歴を持っていない人が他者への援助という点において私より劣るかというと、決してそうではない」という事実に行きつくからであろう。「そんなものがなくても自分以上に機能する人はいくらでもいるではないか」と。患者(クライエント)との一対一のカウンセリングや心理療法関係を中心に考えれば、なるほどこれを行なうにはしっかりした知識や訓練が必要であることは疑いがない。しかし、相手は

「患者（クライエント）」としてだけ生きているのではなくて、それ以外の無数の関係の支えによって生かされている。その中には、狭義の治療関係以上の意味を持つものもある。例えば小倉（2008）は次のような例を挙げている。

「ある思春期やせ症の中学生は、その母親とお互いにひどく傷つけあう関係しかもてないできていた。一方的で口うるさい母親とのっぴきならぬ緊張状態をつづけたあげくに入院となったが、入院後、人との関係を恐れて誰にも近づかず、ひっそりとして淋しげであった。ところが、病棟の備品などを整えたり補充したりする役目をするあるヘルパーと仲良くなった。仲良くなったといっても、このヘルパーも非常に無口な人なので、ただ二人はだまって押し車をともに押したり、品物を車からおろして積み上げたりという簡単な作業をするだけなのである。ヘルパーと特に口をきくでもない。手をつなぐでもない。二人ともただ黙って一緒にいるだけなのである。そしてこの患者は短期間のうちに非常に改善した」。

小倉はこのような例を受けて、「これに類することはいくらもある。ことさらにこれが治療なのだとか、自分は治療者であるといった構えをもって接するのではなく、日常の何気ないやり取り、自然でかざらないやりとり、またその人の性格そのままのやり取りなどを通して、患者はそれまでにはなかった新しい観点を持って自らを考えてみることが可能となり、それが治療的な機軸をなすことになったりするわけである」と述べている。

もちろん、治療関係とそれ以外の関係はそれぞれ別の意義や価値があるのであって、優劣をつけるのは意味がない。ただ私は、「専門的訓練を積んだ専門家」となっていく、まさにそのことによって取れなくなる役割、持てなくなるかかわりの質があるように思われ、それと引き換えに身につけた「専門的知識や技能」、そして「専門家であること」は総合的に見て相手に資するほどのものになっているのかと、それを心許なく思うことがしばしばだったのである。そのためだろうか、狭義の治療関係以外のものが周辺でどのような作用をもたらしているのかに関心が向く。もっとも、実はこれは、そうでもしないとつい狭義の治療関係にばかり拘泥してしまう、自分の視野の狭さに対する反動という側面もあったかもしれない。

人間の養育の本来的なあり方

〝出身地〟たる心理治療の領域において抱いたそのような関心の持ち方を、私はその後に就いた養育（社会的養護）の世界に対しても持ち込んでいるようである。すなわち、中核（メイン）と見なされているものの「周辺」が果たしている役割への関心である。これもまた、そうでもしないとつい「狭義の子育て関係」にばかり拘泥してしまうことの反動なのかもしれない。というのも、現在、日本における子育ては、治療関係にも増して特定の関係を「中心」と見なし、責任の所在もほぼそこに求めている感があるからである。「子どもが犯罪等を起こしたとき、人々の視線がすぐさまその家庭と親に集まり、そこに問題性を探る傾向」（滝川、２００８）にもそれが見て取れよう。養育の成否は親が子どもとどのような関係を作り、どのように育てたかのみにかかっているとでも言うかのようである。社会的養護においても、おもに一般家庭との対比を念頭におきながら、「特定の養育者による一貫した養育」が目指されるべきものとして長らく語られてきたし、さらに昨今、発達早期の虐待やネグレクトとの関連で反応性愛着障害の概念が注目され、その修復のためには核となる養育者とのアタッチメント（愛着）関係を結び直す必要があるとの観点から、そこに焦点を当てた理論や技法が紹介されている。施設職員のみならず、里親にも専門的知識や教育が求められるようになってきている。

だが、そのように「特定の養育者」が子育ての実際と責任のほとんどすべてを負うような養育形態、そしてそのような見なされ方は、人類史的観点からすると例外的と言える。そもそも人間の子育ては、他の生物種に比べて際立って重い負担を、しかも長期に亘って担い続けることを余儀なくされている。それゆえ「近しい他者から社会的サポートを付与されることを前提に仕組まれている節があり、それだけに、現に、そうしたサポートをどれだけ受けることができるかに、その質を大きく左右される可能性がある」という（遠藤、2007）。例えば、「ゴリラの成体メスは大概の人間の成人女性よりは重いことが知られている。それでありながら、平均出生体重で比較すると、ゴリラの新生児は、人の新生児の約2／3以下の重さに止まる」という事実がある。そのため、ヒトは「小さい親が、重くてしかも圧倒的に未熟な子どもを育てなくてはなら」ず、しかも「自律的に生活できるようになるまで、きわめて長い期間、親や家族などによって、ケアされる必要があるのみならず、教育的にトレーニングされなくてはならない種である」と言える。

それゆえ、「ヒトにおいては、例えばチンパンジーのように、母親であるメスだけが、単独で自活しながら、子育て実践することが実質的に不可能になったのだと考える研究者は多い」。

霊長類の比較研究まで持ち出さなくても、現在の私たちが考えているような、家族が子育ての責を一身に負うあり方が歴史的に見てそこまで自明でないことは、広田（1999）の記述にも見て取れる。たとえば明治期の都市下層は、「そもそも家族という単位がしっかりとしていなかった。狭い長屋の一室に数家族が同居していたり、（中略）家族が離合集散をくりかえすのもめずらしくなかった」という。広田はこのほかにもさまざまな文献やデータを示しながら「家庭の教育力の低下」や「昔の親は子どもをしっかりしつけていた」という俗説を反証し、〝家族が子どもの教育を担う〟ことがあらゆる社会階層に共通する一般的な意識となったのは、戦後の高度経済成長期以降であると論じている。子育ては家族が背負う「私的な営み」であるとの認識は、さほど古いものではない。滝川（2008）も言うように、高度成長期までは、子育ては認識面においても、また実際面においても「社会的な営み」であり、地縁的、隣保的な相互扶助による、さまざまな「周辺」によって支えられるもの――社会全体が貧しかったために、そうしないことには立ち行かないもの――だったのである。もっとも、高度成長期以降もその名残を留めているところもあるにはあって、児童文学者の清水眞砂子（2012）は、ある地方の読書サークルに出ている人たちの子どもの様子を紹介している（2009年、サークルは解散）。清水がその子どもたちに、今度家に遊びにおいでと誘ったところ、「うれしいな、親がまた増えた」と言ったという。その意味を尋ねたところ、「僕たち親がいっぱいいるんです」との由。「親とけんかなどして、どうしても家に帰りづらいときは、別の家に帰って、一週間でもそこから学校に通う。そういう関係がここの会員の間ではできていたのです。そっちの子がこっちの家に来て、こっちの子がそっちの家に行くというふうにぐちゃぐちゃしている」。複数の親、複数の子どもが出たり入ったりする「複線」で成り立っていて、空気のよどみがないという。

「周辺」の意義と役割

人間の子育てとは本来そういうものであろう。ゆえに、「特定の養育者」の責任性や専門性ばかりが取り沙汰される昨今において、「周辺」の果たしている役割についてしかと目を届かせようとすることは自然であり、かつ必要なことであると思う。ただし、本来「社会的な営み」であるとは言っても、ただ漠然と「社会で育てる」と言っているだけでは不十分である。「核となる関係」と言うべきものはやはり存在するし、不可欠でもある。その大切さを踏まえた上で、「周辺」にもそれぞれの位置に応じたコミットが求められるのである。そうでないと、「みんなで見ていく」という耳に心地よい標語の陰で、総無責任体制が生じることにもなりかねない。近年、さまざまな分野でチームアプローチや多職種連携の必要性・重要性が叫ばれて久しいが、関係者・関係機関それぞれが自身の役割を本質的に理解し、分をわきまえ、互いに呼吸合わせを成熟させていかないと、「あれはこっちの仕事ではないよ」「本来あっちがやるべきことじゃない？」

といった押しつけ合いばかりが延々と繰り広げられることになる。ちょうど野球において、微妙な位置に打ち上げられたフライを選手それぞれが顔を見合わせている間に取り損ねるように（プロでも稀にそういうことは起こる）。要は、先に「治療関係とそれ以外の関係はそれぞれ別の意義や価値がある」と述べたのと同じで、「中核」と「周辺」が互いの役割と意義を認識しながら、どう重層的なネットワークを補完的に編んでいけるかが問われているのであろう。

「中核」に対して「周辺」が持つ役割にはどのようなものがあるだろうか。すぐに思いつくのはやはり〝サポート〟であろう。養育をメインで担っている人においては、やり方や考え方を支持し、負担をそれとなく減らし、元気づけ、手の届きにくい部分を補う。子どもにおいては、世の中にはこういう人もいるのか、こんな生き方や考え方もあるのかと、関係性や世界の幅を広げる……。意図的なものもあれば、無意図的な、巧まずして行なわれるものもあるだろう。こうしたサポートが大事であることは間違いない。

しかし時に、それとは別の役割もあるのではないか。それはむしろ、〝今のあり方〟に対してアンチテーゼを突きつけるような役割である。養育に限らないであろうが、「中核」を担うものは自身に批判的検討を加えることが不十分になり、思考が硬直化し、実際の動きも固定化しがちである。これは小さな組織内の活動から国家や国際社会レベルの組織機構にまで見られる普遍的な現象のように思う。そのような「中核」の偏りやズレに再認識を迫り、時代の流れや現状に即したものへと改変を促すにあたっては、「中核」それ自身はあまり恃みにならず、「周辺」の力に負うところが大きいのではないだろうか（たとえば明治維新がそうであったように）。また、当の子どもにとっても、これまでの自分の考え方やあり方を真っ向から打ちのめすような存在は、時に必要ではないだろうか。少なくとも私においては、自分を見つめ直し、変化する契機をくれたのは、必ずしも自分を温かく認めてくれる人ばかりではなかった。新鮮な視点を投げかけ、少し慌てさせ、活力を与え直すのも「周辺」の力であり、役割ではないだろうか。

※参考・引用文献

村瀬嘉代子「さまざまな人に支えられる子どもの育ち――〝周辺の人々を考える〟子どもの育ちを支えるもう一つの視点」『世界の児童と母性』78号、2015年
遠藤利彦「アタッチメント理論とその実証研究を俯瞰する」数井みゆき・遠藤利彦（編）『アタッチメントと臨床領域』2007年、ミネルヴァ書房、p1―58
広田照幸『日本人のしつけは衰退したか――「教育する家族」のゆくえ』1999年、講談社現代新書
小倉清「入院治療」『小倉清著作集・3　子どもをとりまく環境と臨床』2008年、岩崎学術出版社、p86―124
清水眞砂子「いま問いかけたいこと――個がつながるとは」『飢餓陣営』37号、2012年、p162―175
滝川一廣「子育てと児童虐待」『そだちの科学』10号、2008年、p80―86

第15章　ふつうのおばさんの滋味

はじめに

私たちの施設には、「生活支援員」と呼ばれる職種がある。以前は「補助職員」と呼ばれていたのだが、「補助」というと「なければないで良いのだけれど」といったニュアンスで受け取られかねない。それで、この名称が用いられるようになった。独立した独自の職種（常勤職）なのである。

私たちの施設は昨今の「小規模ケア」や「家庭的養護」へのムーブメントが起こるずっと前から、それを旨とした養育を行なってきた。なるべく特定の大人が継続的に柱となって、一般家庭に準ずるサイズで子どもと過ごしていこう。この理念を体現すべく、生活単位（ホーム）あたりの子どもの人数は3～5人ほどで、建物の作りも「普通のおうち」よりやや広めになっているだけである。この形態の中で、生活支援員は重要な役割を果たしてきた。私は以前、この方たちについては別のところで書いたことがある（内海、2013）が、そのときはどちらかというとこの職種の果たしている機能全般に軸足があった。本稿では、個々の「人」を描くことに比重を置き、それを通してこの方たちの役割や意味について考えてみたい。

「生活支援員」の概要

だがその前に、この職種の概略を素描しておこう。

生活支援員のおもな仕事はその名の通り、生活のサポートをすることである。具体的には午前中の掃除と午後の夕飯づくりが仕事の柱になる。合間あいまに庭の草取りや洗濯物の取り込み、アイロンがけなどもやる。要するに家事全般である。生活というものの根幹は、こういった家事全般の繰り返しによって支えられているが、これを手堅く続けることは実はそう簡単ではない。特に「家庭的」な養育形態の中では、子どもの生活の担当職員（以下「担当者」）は一人で多方面の役割を総合的、同時並行的にこなすことを求められる。ゆえに、彼らのみでは難しいので、それを支える職種が要るのである。

生活支援員はごく普通の主婦である。子どもからも大人からも名前で「○○さん」と呼ばれ、職種としては「支援のおばさん」と通称される（なので以下「おばさん」と記す）。30代～70代までと年齢層は幅広い。一つのホームに対して週数日、日ごとに違うおばさんが入る。

おばさんたちの仕事は五感すべてにかかわる。たとえばほどよく掃除された部屋や庭（視覚）、気持ちよく乾いた布団や衣服（触覚）、また、料理を作る匂い（嗅覚）、音（聴覚）、出来上がった彩り（視覚）、味（味覚）など、ことさらに意識はされないが、意識されない分、深いところに沁み込む。おばさんたちが「日々同じようなことをしている」姿自体も、いつのまにか一つの風景のようになっている。子どもたちはそういうおばさんたちに、担当者に対する時とはまた違った、構えていない顔をふっと見せることがある。

職員にとっても同様で、担当者は同職種や他の「専門職」と話をする時とは違った心持ちで話をするようである。おばさんたちは、家事をする中で自然に子どもの様子を見たり、関わったり、また担当者といろいろな場面を共有したりする。それにより共通の話題が増え、担当者の悩みや迷いに即時に添うことができる。担当者だけではない。おばさんたちの持つ情報は豊富で具体的なので、おばさんたちはどの職種とでもすぐに話を通じ合わせることができる。このような情報の流通が、担当者の孤立化や独善化を防ぐ、いわゆる「風通し」にもなる。

だが、以上述べたような機能は、生活支援員というポジションに就きさえすれば可能になるわけではない。「風通しを良くする」という機能は、下手をすると「噂話や中傷の流布」になる可能性と背中合わせである。また、担当者との役割分担の呼吸合わせが上手くいっていないと、「担当者とは違ったかかわりができる」「子どもが異なる顔を見せる」といった肯定的側面が、「かかわりの統一性がない」とか「子どもが態度を使い分ける」などといったネガティブな意味に変わってしまう。そうなるとサポートどころか良好なチーム形成の妨げになりかねない。どんな職種でもそうだろうが、意味のあるものになるかどうかは、結局はやはり「人」のあり方である。

さて、そのあり方とはどのようなものか。本稿では最も勤務歴の長いお二人にご登場いただき、その一端を示せればと思う。なお、お二人の年齢やキャリア年数は本章の初出原稿執筆当時のものである。

真剣さが生む創意

原田洋子さんは生活支援員の仕事を始めて約30年になる。施設がこの職種を設けたときからおり、現在古希も過ぎた〝最長老〟である。原田さんは長いこと勤めているが、「子どもが好き」だの「子どもがかわいい」だのといった安っぽい表現を軽々しく口にしない。また、妙なフレンドリーさでいきなり子どもに話しかけたりもしない。むしろ出会ったばかりの子とは喋らない。時間をかけてじっと見て、この子に対して自分のこころがどう動くかに正直であろうとする。自分も相手も人間だから、そんなに簡単には近づけないのだ、と原田さんは言う（原田、２００９）。そのかわり、「この子とはこんなふうに付き合おう」と決めたときは、真剣に付き合う。それは誰に対しても変わらない。多くの職員は原田さんの直言にたじろいだ経験を持つ。その勢いは「施設長も裸足で逃げ出す」と噂される。また、その真剣さは、子どもへのかかわり方についても単に向き合うだけはない創意を生む。

もうずいぶん前のことだが、乳児院から3歳過ぎの幼児がやってきた。措置変更の日、原田さんはたまたまその子が暮らすことになるホームに入っていた（どういうめぐり合わせか、原田さんはこういう重大な場面をまるで吸い寄せるかのように、なぜか居合わせてしまう）。乳児院の職員が帰っていくのを泣き叫びながら見送るその子を目の当たりにした原田さんは、「やだねぇ、やだねぇ、あれは何度見てもつらいねぇ」とその後しばらく口にしていた。自分の立場で何かできることはないか、そう原田さんが一所懸命考えて出した答えは、「毎日その子の顔を見に行く」だった。別のホームで仕事をした後も、お花を一輪持っていくとか、担当者にちょっとお漬物をあげるとか、何かの用事にかこつけて、5分、短ければ2～3分、毎日その子の顔を見に行った。何カ月かの間、誰に言うでもなくそれを続けていたが、知っている職員は知っていた。そんなことが何になる？などと問う者はいなかった。

また、ある高校生が担当者とは一切口を利かなくなってしまった時があった。部活もバイトも辞めてしまい、学校も休みがちとなった。精神的な失調の影響もあり、担当者には取り付く島もない時期が長く続き、この先の展望をどう開いていったらいいのか、私も見当がつかなかった。まともにかかわりを持てる職員がいなくなり、万事休すかと思われたころ、ふと、原田さんが月一回くらいならこの子とお茶をしてもいいと言った。何につけ反応の薄いこの子であったが、美味しいものは「美味しい」と素直に言える美徳があった。ちょっといいお店で、となれば一層だった。それは皆も知っていたが、そう思いついて実行しようという者は他にいなかった。毎月、予算を決めて、原田さんのお昼休み中に行って来られる範囲で、この子が行きたいといった場所へ行く。1時間、ケーキを挟んでほとんど何もしゃべらないこともあったそうだが、傍から見れば異様であろうそのような光景も、原田さんは特に意に介さない。むしろ「ヘンな子！」と面白がっているふうでさえあった。この子も楽しくお喋りするわけでは全然ないのに、その時間は楽しみにして出かけていく。それだけですべてが好転したわけではむろんないが、表情の乏しかったこの子の生活に潤いがもたらされたのは確かだった。そして、そのことに支えられたのはその子だけではなく、職員もだった。

金髪高校生から甘えん坊まで

勤続25年になる安倍明美さんは、身体は小柄ながら、今や稀少種となった「肝っ玉母ちゃん」の系統に属する方である。北関東の自然豊かな土地で学童期までを過ごし、米軍基地のある横須賀で赤線の隣接する地域を見ながら青春期を送った安倍さんは、ちょっとやそっとのことでは動じない。居室からゴキブリが出現し、若い女性職員や日ごろ生意気な男子高校生がギャーギャー騒ぐなか、「まったく、何を騒いでんだか」とでも言いたげに平然と素手で捕まえる。また、グローブのようなその手は出来立ての焼きそばを触ってもやけどをしないらしく、毎年バザーの出店で200～300個の焼きそばをパックに詰めていく際、素手で――一昔前より衛生管理の厳しくなった今ではビニール手袋をするようになったが――次々とあっという間に詰め終わってしまう。ゴキブリから焼きそばまで、無類の速さで取り扱うその手は、職員の間では「ゴッド・ハンド」として畏怖とともに語り継がれている。その素早さは60代後半になった今も健在である。

安倍さんにとっては少々のヤンキー風はカワイイものとしか映らないようで、担当者の前では細く剃った眉毛の眉間に不機嫌そうなしわを寄せている無口な金髪高校生も、「安倍ちゃーん、焼きそば作って」などと、安倍さんの背後をしつこく付きまとう。延々と続く散漫で他愛もないその子の話に安倍さんは適度に付き合い、時に「あんたね、そういう話はこういう場ではしないもんだよ」「学校サボるんじゃないよ！」等叱りつけながら、バイトに出かける前のその子に時々おにぎりや焼きそばなどを作っている。「あんな話をするしかないのが今のあの子の身の丈なんだと思うよ」と安倍さんは言う。

その安倍さんは、どういうわけかいつもお菓子を持ち歩いている。誰かにあげるため、というのをどれくらい意識されているのか分からないが、ミーティングや引き継ぎの際などにもお煎餅やら飴やらが次々と出てくる。傍から見るとドラえもんのポケットのようですらある。ある時、これに気づき、目を付けた小学生がいた。安倍さんの包丁の音（安倍さんの千切りは生活支援員の中でも随一の細さである）や声が聞こえると、調理場へ行き、「ねー、安倍ちゃん、飴ちょうだい」と言うのである。学校でも施設でも他児とうまく遊べず、どちらかというと苛められがちな子であった。安倍さんは「ちゃんとホームでおやつもらってんでしょ。ご飯もちゃんと食べるんだよ！」と、押さえるべきことは押さえつつも、「ほれ、どうぞ」とやっていた。小学校高学年になっても、中学生になっても、この子の条件反射のような「飴ちょうだい」は続いた。だが、その子が高校生になってしばらく経ってから、安倍さんがふと「あの子、なんか近頃〝飴ちょうだい〃って言わなくなったね」と言った。気が付けば、同学年の友だちを作り、その仲間たちとのお喋りで帰りが遅くなることもしばしばとなっていた。

おわりに

こんなふうに気長な時間スパンの中で、子どもたちの小さな成長に気づき、ゆっくり見守っているのが生活支援員である。原田さんや安倍さん以外のおばさんたちも、それぞれの持ち味と動き方で、子どもとのかかわりの質に彩りを添え、生活の味わいに深みを与えている。だが、その点においてはやはり年季がものをいう部分があるように思う。仕事の年季、また自身の人生の困難から逃げずにその時々を生きてきた年季である。もちろん、年月は単に重ねればよいというものではない。たとえば掃除一つとっても、テーブルを拭く際、花瓶をどけずに花瓶の底面に沿って丸く拭くか、持ち上げて拭くか、どちらを選んでも掃除は掃除である。ブリのアラを煮る際にも、塩を振って湯引きなどしなくてもブリ大根は出来上がる。省けるひと手間など、掃除にも料理にもいくらでもあるが、これをどのくらい惜しみ、また惜しまずに一日一日の仕事を重ねるか。そのことに原田さんも安倍さんもとても意識的であった。そして、そのような積み重ねの中で、「原田さんはお寿司だって握れる」「安倍さんが掃除するとやっぱり綺麗になる」と誰もが認める確かな技術を手にし、それにより職員の信頼を勝ち得てきたのである。単に人柄だけではない。技術者なのである。

また、先に述べた「噂話や中傷の流布」となる危険性をいかに避けるかにも意識的であった。自分の目と耳を使い、支援員同士で十分に話し合い、時に担当者とも意を決して向き合うなど、情報の質を「歩いて確かめた」という。ここには、いい空気の中で子どもに生活させたい、自分たちが入ったことで少しでも担当者が楽になって欲しい、という心根がある。このようなおばさんたちが体現する、計算高くない気遣いや創意は、「エビデンスに基づく介入の効果」とは別次元の滋味があるように思う。福祉や教育の専門家のみの集団ではその味は出せないのではないか、と私は思っているのだが、この文章でそれを表すことはできただろうか。

※参考文献
原田洋子（聞き手・安川実）「施設の職員である前に人間であることを願い」『季刊児童養護』Vol.40（1）、２００９年、ｐ39—43
内海新祐『児童養護施設の心理臨床——「虐待」のその後を生きる』２０１３年、日本評論社

第16章　時間と自分は同じ

はじめに

子どもが「自分をつくる」とはどういうことか。このテーマに対し、ここでは「時間と自分は同じ」という観点から考えてみたいと思います。というのは、以前、精神科臨床一筋に生きてこられた先生がある学会で「時間というものと自分というものは同じものだ」と語っておられ（小倉、2006）、それが私の中で引っかかり続けているからです。シンプルに本質を突いているようでありながら、よく分からない。禅で言う公案のよう。引っかかるのはそのためでしょう。その後、哲学的な精神病理学で著名な先生も同じようなことをずっと以前から述べておられることを知りました（木村、2010）。かなりタイプの違う2人の先生が同じことを言っている事実は、この命題の確かさを裏付けているように思われ、なおのこと気にかかりました。ただ、「時間」も「自分」も、哲学、物理学、心理学……等々、さまざまな学問上の大問題であり続けてきました。ですから、学問的知見を本格的に渉猟すると大変なことになります。ここで示せるのはあくまで私の体験や考えの断片です。多少なりとも読者の思索の糧になればと思います。

時間と自分が同じであること

まず、個人的な体験から始めることをご容赦ください。小学4年生の終わり頃のことです。ある日の「帰りの会」が始まる少し前、隣の席の女子が手のひらサイズの小さなカレンダーを眺めていました。それは特に行事があったわけでもない、ごく普通の日だったと思います。ただ、もうこのクラスともお別れなんだな、という思いが私にあったからでしょうか、私の目には、その女の子がカレンダーを眺めている横顔が静止画像のように、ある切実さを伴って映りました。そして、自分でも予期しなかったところから、予期しなかった考えが不意にやってきました。――「今」は、本当に今しかないんだ。

そのとき思いめぐらせたのは、おおよそこんなことでした。――今から1年後は何をしているだろう？　もし、ちょうど1年後の同じ日、この教室にやってきて同じ席に座り、寸分違わぬ同時刻の同タイミングで隣の席を眺めたとしても、これと同じ光景は決して、決して再現されない。それを眺めている自分も少し大きくなっているはずで、自分の体が世界の中に占めている容積も、決して今と同じではない。――「今」が今しかないということと、「自分」がほかならぬ自分としてここにある、ということはこのときぴったり重なっていたと思います。「時間と自分は同じ」ということでまず思い出されるのは、この記憶です。

時間的視野の広がりと自分

このような体験は、私一人のものではないように思います。私が勤めている児童養護施設でも、ある小学5年生の男の子が「さっき僕が○○って言ったのは、もう過去なんだよね…って言ったのももう過去なんだよね…って言ったのももう過去なんだよね…」と、〝すごい発見をした〟という風情で語ったことがあります。「〝今〟はどんどん過去になって、〝今〟はすぐに今じゃなくなるんだね」と。彼は実親から身体的虐待を受けて入所していた子でした。親はしばらく前から子どもを引き取るための家族再統合プログラムを受けており、その一環でこの子も親との面会、外出、外泊…と試みを進めているさなかでした。プログラムが進む中、彼の心は揺れ動いていました。もとの家に帰れる嬉しさはありつつも、不安も大きい様子が見て取れました。

彼と私は週1回面接をしていたのですが、この時期の彼は「僕はもうすぐ声が変わるんだよ。だからもう僕は子どもじゃない」と決意を込めた口調で語り、「○年後の僕を見てみたい？」「昔の記憶をなくしたらどうする？」「先のことなんて分からない。当たり前だよ、神様じゃないんだから」等々、言いました。時間に関する思考の断片が次々と出てくるかのようでした。「〝今〟はすぐに今じゃなくなるんだね」という先の言葉も、その一つとして出てきたのでした。

ここからは私の想像です。彼は、逃れることも受け入れることも容易ではない現実を前に、時間の視野を過去・未来の双方向に広げていくことになったのではないか。そして、その視野の広がりを得たことが、逆に、「今この時が今この時しかない」という発見と、そのような切実な時を生きる「自分」の実感につながったのではないか。話を聴く私の存在にも多少の意味はあったでしょうか。これは、私が自分の体験記憶を下敷きにしてしまっているがゆえの思い込みかもしれませんが、一つの理解としては許されると思うのです。こういった認識体験はしばしば小学校4、5年生の頃におとずれるように思うのですが、どうでしょうか。

時間と秘密と自分づくり

時間と自分が同じものなら、「時間をつくること」と「自分をつくること」は相通じると考えられます。しかし、「つくる」と言っても、それは粘土やブロックで怪獣を「つくる」ような、子どもが独力で能動的・意図的におこなうものとは趣が異なるでしょう。かといって、まったくの他人任せで、受身的・偶然的に「出来上がる」ものでもないようです。それは、子ども自身の意思や希望と、他者の（特に大人の）思惑や願いとが複雑に絡まり合うことで可能になると思われます。もう少し詳しく言うなら、①過去について他者と語り合い、自分の過去を確かめること（例えば、たまたまTVに映っていた赤ちゃんを一緒に見ながら「お前さんが赤ちゃんのときはね…」などの会話がなされるとか）、②身近な他者を見ながら、あるいは他者からの期待を含んだ働きかけを受けながら、漠然とではあっても未来に対して不安や憧れをもつこと（「大人になったらどうなるんだろう」「私もあの人のようになる」とか）、③そのような時間的広がりの中の一点としての「自分」を切実に感じること、あるいはそのような時間感覚を切実に生きること、によってなされるのでしょう。だから、自分に関わり続ける他者を得にくい児童養護施設で暮らす子どもは①〜③のいずれも難しいわけで、ゆえに、「自分をつくる」ことに困難を抱えることもしばしばなのでしょう。

ところで、先述した私の小学生時代の体験と記憶は、自分にとって大事なものだという感覚はどこかにありつつも、大人になるまで誰にも話しませんでした。積極的に隠していたわけではないのですが、なんとなくの秘密でした。誰にも話さなかったことで、この体験と記憶は自分を形作る、より大切なものになった気がします。このように、体験したことをすぐには語らずに自分一人でひそやかに持ち続ける時間も、そして、その秘密そのものも、大事な「自分」であるように思います。ですから、「子どもの声を聞くこと」が大事だというのはもちろんそうなのですけれど、あまりにも語らせよう、表現させよう、ということばかりに大人の意識が向くのも、それはそれでいびつなのではないか。そういう観点もあったほうが良いと、私は思っています。

※文献

木村敏『精神医学から臨床哲学へ　初版』２０１０年、ミネルヴァ書房、ｐ２１２
小倉清「改めて遊戯療法とは」『遊戯療法研究』第5巻1号、２００６年、ｐ61—70

第17章　貧困と「ほとんど破壊的といってよい精神状態」について

はじめに

貧困の問題を考えるとき、必ず思い出される文章がある。

――「私を惹《ひ》きつけたのは、このうす暗い部屋と、その中で暮らしている人たちの意識にのしかかり、いつ熄《や》むとも知れない長雨のように彼らの人格そのものにまでじわじわと浸みわたりながら、あらゆる既成の解釈をかたくなに拒んでいるような、あの『貧しさ』だった。すこしずつ自分がその中に組みこまれていくにつれて、私は、彼らが抱え込んでいるその『貧しさ』が、単に金銭的な欠乏によってもたらされたものではなく、つぎつぎとこの家族を襲って、残された彼らから生への意欲まで奪ってしまった不幸に由来する、ほとんど破壊的といってよい精神状態ではないかと思うようになった。この人たちは、水の中で呼吸をとめるようにしてつぎの不幸までを生きのびている。そして、それが、この人たちにとって唯一の可能な現実なのかも知れなかった（1）」。

これは、イタリア文学の翻訳家、エッセイストである須賀敦子が1960年代初頭のミラノにおいて、結婚相手の家の抱える「貧しさ」に対して抱いた感慨である。もちろん、この家族と、現代日本の児童福祉領域で出会う家族とでは、背景は大きく異なる。「生への意欲まで奪ってしまった不幸」や「ほとんど破壊的といってよい精神状態」の中身も同じではない。だが、仕事をする中でどうしてもこの一文が思い出されてくる。貧困と心象とのつながりを、これほど端的に表したものを私は他に知らない。貧困をテーマに伝えたいものが私にあるとすれば、それはもう、この数行で尽くされてしまう気がするほどである。だから、私としてはこれを読者に紹介できただけで実は既に満足してしまっている。

だが、さすがにこれだけで済ませるわけにもいかない。私が問題にしたい「ほとんど破壊的といってよい精神状態」とは何か、またそれがどのような現実に根差しているのかを示す必要があるだろう。本稿ではそれを試み、最後に少し、支援についても述べる。なお、ここで述べようとしている〝貧困にまつわる心象〟は、貧困と目されるすべての事例に当てはまるわけではない。むしろごく一部かもしれない。しかし、それが大きな障壁となって支援者の前に立ちはだかっていると感じられるケースが一定数あるのは確かだと思う。ゆえに、これに焦点を当てるのも意味があるであろう。

家とこころの風景（殺風景）

私の所属先である児童養護施設は、児童福祉領域の中で入所という支援形態の一翼を担っており、近年、児童虐待への関心の高まりとともに、虐待をうけた子どものおもな受け入れ先として社会に認知されているようである。現代日本における貧困と虐待（子育てのうまくいかなさ）の関連はつとに指摘されているところであるから[2]、虐待を受けた子どもの中でも入所を要するほどとなれば、その家庭が貧困である確率も多かろうという推測が成り立つ。

その推測は概ね間違いではない。だが、入所ケースこそが最も重篤な貧困家庭かというと、必ずしもそうとは言えない。児童福祉領域には在宅支援をおこなっている機関がいくつもあり、そのスタッフの話を聴いていると、「これが入所にならないの？」と思うことがしばしばある。施設入所になった子だけが大変なのではない。むしろ環境が変わらないまま時間ばかりが過ぎる分、事態はより深刻かもしれないと思うこともある。そして、そういう事例を聴くたびに、大変なまま街中に埋もれるように暮らしている子はたくさんいるのだ……とくらくらしてしまう。

たとえば、生活保護を受けている離婚母子世帯で、母親は仕事に行かず、昼間から酒を飲みながらインターネットでの動画視聴やSNSに耽っている。小5の子どもも、やはりSNSや特定のゲームに没入し、ほぼ学校に行かず昼夜逆転している。団地の狭くてうす暗い部屋には食料品や衣類が乱雑に、足の踏み場もないほどに散らばっている。カビの生えた布団も敷かれたままある。そのような生活が幼児期から続いている。母親も離婚母子家庭で育ったという。生活保護や障害年金などで暮らし、祖母が昼間からカップ酒を近くの公園で飲んでいる、近隣でいささか耳目を集めるような家だったらしい。

昼夜逆転は良くない、というのは親も子も分かっている。学校にも行こうと思うと子どもも自ら言っている。でも朝起きられない。親も、学校へ行かないことを荒い口調で咎めるわりに、実際にはさほど促していないようである。だが、改善の試みを何もしなかったわけではない。朝起きられないなら「オール」(徹夜)してそのまま学校に行こう、とか。しかし、1日は行けたものの、翌日は寝すぎてしまって帳尻が合わず、生活サイクルはむしろ乱れて安定しない。そんな試みと失敗を何度も繰り返すうちに、教室への入りにくさは増し、いつしか試みる気も失せてしまった。

このようなありさまでも世間からまったく放置されているわけではない。むしろ支援機関はいくつも関わっている。もっとも、それと「つながっていること」とは同じではないが、少なくとも形の上では生活保護のワーカー、親の精神科、自治体の障害支援担当、地域の民生委員、学校、家事ヘルパー、児童相談所のワーカー……等々、多機関協働は形成されている。そして、合同カンファレンスの中でいくつか支援プランが浮かび、提起される。まずは時間をずらしての保健室登校はどうか。学校にこだわらず、居場所となる場を見つける手助けをしよう。週1回くらい、定期的に外の空気を吸う機会を作れないか。生活リズムを作るためにも、○曜日にウチのスタッフとお昼ご飯でも食べるのはどうか……など。子ども本人も肯き、試みたこともあった。しかし昼夜逆転しているため、玄関先に出て来るまでが難儀で、来る日もあれば来ない日もある。安定しない。予定通りには連れ出せないことが度重なって来るうちに〝何となく〟沙汰止みとなる。提起された支援案は概ねこのような末路をたどっていく。

支援が実を結ばないまま萎《しお》れていく繰り返しの中で、支援者間にも「こんな断片的で半端な支援ばかりして、一体何になるだろう?」との思いがじわじわと浸みわたり始める。毎日の生活がこんな感じなのだから、何をどれだけ投入しても、砂漠に水を撒くようにすぐさま消えて、無力化されてしまう……と。

こういったケースにおいて、子どもの心身が被っている影響は深甚だと言わざるをえない。だが、なかなか入所には至らない。直ちに生命の危険があるとは言えないゆえかもしれないし、家族が児童相談所を忌避している場合もある。関係機関同士の切迫感や重篤度認識のズレ、足並みの乱れもあるだろう。そもそも親も子も、この状態を何とか抜け出したいと本気で思っているようには見えない。むしろ変化を嫌っているようですらある。努力すれば良いほうに変わる、という感覚がないようだ。それ以前に、今より良い状態がどのようなものか、具体的に、実感を持って思い描くことができないようでもある。「こうなりたい」がないばかりか、「こうはなりたくない」としがみつく力（執着）もないといったらよいか。これが私の感じる、「ほとんど破壊的といってよい精神状態」である。

入所すれば改善するか——不思議な重力

では、そのような生活から切り離し、生活を丸ごと抱える施設入所となればそれは変わるか。実際、上述のような状況から紆余曲折の果てに入所となる場合もある。元の家庭に留まっていたらできなかった生活、得られなかった経験、通えなかったであろう学校。それらを享受することで、子どもたちは元の貧困状況とは違う生活を作れるようになるのだろうか。

もちろんいろいろなケースがある。が、楽観できないデータがある。永野はいくつかの児童養護施設退所者調査を概観することで退所児童の生活実態の把握を試みている[3]。それによれば、施設出身者は「一般の若者に比べて、高校中退率は10倍、生活保護受給率は18倍以上の高さである」という。別の調査でも、大学等への進学率や正規雇用による就職率は以前に比べて伸びたものの、中退率は1年3カ月経過時点で14・8%、また離職率は3カ月時点で10・7%、3年目で61・1%と（把握時期の違いなどから単純比較はできないまでも）全国平均に比べ明確に高い数値が出ている[4]。さらに、頼る先としての施設とのつながりも、「退所後3年以内に3割が途絶えていた[3]」、「退所から年が経つごとに、施設が現況を把握できない退所者の比率が増加する傾向にあり」、さらにその比率は、高卒後の進路が無職などの場合、進学・就職の退所者よりも高くなっているのだという[4]。おそらく、施設が生活実態を把握できない退所者こそ、経済的にも精神的にもよりシビアな状況にあると推測される。それらも含めれば、生活保護受給率などはもっと上がるだろう。自分たちの施設を省みても、そう思う。

このように、施設退所者の生活状況は厳しくなる率が高いが、このうちどれだけが貧困の「再生産」となっているのか、入所前のような貧困状態から抜け出している率はどのくらいなのか、そういった推移の傾向性、そしてそれを規定する要因は、こうした実態調査だけでは分からない。今後その種の研究が俟たれるところだが、私たち職員としては、結局元の木阿弥のようになってしまうケースについてやはり考え込んでしまう。

たとえば小学校入学前に入所になり、中学までは学習面などで躓きつつもまあまあ普通に過ごしていたが、高2あたりから生活が乱れて登校が危うくなる。周囲のサポートでなんとか卒業・就職まで漕ぎつけたものの、せっかく正社員で就職した会社を3カ月で辞めてしまう。そして、非正規の仕事を転々とするうちに1、2年で生活が立ち行かなくなって生活保護を受給することになる……など。親元でしてきたような生活とは切り離され、世間的にもさほど見劣りがするとは思えない暮らしをそれなりの年月してきたはずなのに、なんでそっちに引っ張られるの？　自分たちには何が足りなかったの？　気持ちも手数も結構かけて来たとの思いを持つ職員は、不思議な重力みたいなものに敗れた負け惜しみみたいな気持ちから、「やっぱり血の力って強いんですかね」などとやや自嘲気味に言ったりするが、私には、ここにあの「ほとんど破壊的といってよい精神状態」が関与しているように思われてならない。小学校の頃からここ（施設）にいたのに……と施設職員は思ってしまうけれど、小学校に上がる前には既にしてこうした心象の祖型が出来上がっているように見える子はいる。もちろん、知的能力や対人関係能力など各種能力も関係しており、要因は一つではないだろうが、投入した時間的・経済的・精神的コストが花開くことなく実も結ばず、あたかも暗くて深い井戸に吸い込まれていくかのように思えてしまうとき、その心性が子どもに（また家族文化的に）深く根を下ろしていることは多い気がする。

支援について――施設を離れた後を中心に

本稿で述べたような心性が抜き難い根を張っているような場合、そこに届くような支援のあり方こそが課題だとかねてより考えてきた[5]。しかし、そのための有効な方策を、私は今もまだ見出だせないままでいる。この課題は、煎じ詰めれば「今より良い状態がありうる」、「自分はそれを得るに値する存在である」、「自分には事態をより良い状況に動かす力がある」といった希望や信念をいかに根づかせるかであり、それは言葉を変えるなら、乳幼児期の心理発達課題の形成・獲得に関わる課題でもあるだろう。そうなると、結局は毎日の生活のあり方、営み方全体が問われることになる。また、そもそもこれは、私や私の職場レベルでの、個別的な努力だけでどうにかなるほど簡単な問題ではないとも考えられる。親の暮らしを総合的にサポートし、乳幼児期の子どもの経済状況を改善できるような、政策レベルの拡充がまずは必要で[6]、社会全体が肯定的な物語（この国では求めて動けばそれなりの生活をすることができる、といったような）をある程度共有できることが土台として求められるのだろう。だが、それは射程が大きくなりすぎるので、ここでは施設からの退所時・退所後におけるミクロな支援に絞る。

だが、そこに絞ってもなお、私に思い浮かぶことはごくわずかしかない。それは、誰もが納得するような明るい結果を目標に掲げないこと、また、断続的でもいいからなるべく息長く関わること。このくらいである。私は施設退所後の、いわゆるアフターケアをおもな仕事としているわけではないので、そこを担っている職員の言動、また退所した子どもたちの経過を横目で見ながらの所感になるが、退所する際に比較的好条件の就職先や理解ある支援機関などにつなぐことはわりとできる。しかし、転職や転居が2回、3回と続くとそのような「丁寧なつなぎ」は途切れてしまう。ここが難所だろう。これをどう乗り越えるか。もちろん、何か外の社会資源と自力でつながることができるなら、施設などと連絡を取り続けなくてもいい。だが、そこにこそ難しさを抱えている子たちであるがゆえに、機関として（誰かが退職などで途切れてしまっても、別の職員が知っているなど）連絡先を把握し続け、別の社会資源への橋渡しを担えるようにすることが必要だと思う。

「うまくいかない無様な状態」（周囲以上に子ども自身がそう思っている）への叱咤と受容とのバランスは難しい。〝長く仕事を続ける〟など、現状から距離のある目標を立てて求めても、表面を取り繕うようになるばかりである。ただでさえつながりを持ち続けにくい傾向があるのに、そうなると一層連絡をとりにくくなる。かといって、現状もやむなしとするだけでは生活自体が動きのない、硬直したものになる。

いずれにせよ、大抵は願い通りにいかないので、支援者自身が段々「あれだけやったのに、何にもならないじゃないか」と苛立ち、さらには茫洋とした気分になってくる。「ほとんど破壊的といってよい精神状態」が「いつ熄《や》むとも知れない長雨のように」「人格そのものにまでじわじわと浸みわた」るのは貧困のただ中を生きた人だけではない。支援者もである。彼らの空漠さが支援者のこころにも入って来るのかもしれない。これに侵蝕されないようにするのが肝要で、そのためには（スローガン的に言い尽くされた感はあるが、それでもやはり）関係者間の連帯が欠かせない。

そうやって、家を訪問したり、連れ出して話を聴いたり、仕事を斡旋してくれる人や機関とつないだりなど、切れ切れでも関わりの接ぎ穂を探り続ける中で、人からの助言などまるで求めていなかったような子ども——といっても大抵は二十代になってからだが——が自分の足りないところに思いを馳せ、「次」に向ける意思の片鱗を見せる例もないではない。表情に生気が増すこともある。何にせよ、入所中に支援は完結しない。「危機的状況」に対する支援を繰り返すことが、乳幼児期の心理発達課題の獲得・形成にどこかで通じ合うことを念じながら、「まずはお互い生きているだけで十分」と思うくらいの気長さで関わっていけると良いのかもしれない。

※文献

（1）須賀敦子「キッチンが変わった日」『トリエステの坂道』１９９８年、新潮文庫

(2) 滝川一廣『子どものための精神医学』2017年、医学書院
(3) 永野咲「施設退所後の生活実態を捉える」『世界の児童と母性』79号、2015年、p47—51
(4) 認定NPO法人ブリッジフォースマイル「全国児童養護施設退所者トラッキング調査2020」2020年、report-tracking-research-2020.pdf (b4s.jp)
(5) 内海新祐「その心性に届く支援とは—『女性たちの貧困』を読みながら」『飢餓陣営』42号、2015年、p130—132
(6) 阿部彩『子どもの貧困Ⅱ—解決策を考える』2014年、岩波新書

第18章　翻訳と臨床の出会うところ《ミーティングプレイス》
——中井久夫の翻訳と臨床から考える

はじめに

精神科臨床や心理臨床など、対人援助の実務は翻訳に似たところがあるのではないか、とときどき思ってきた。もちろん、両者には重なり合わないところもある。すぐれた臨床家ならすぐれた翻訳家になれるというものでも、また逆に、すぐれた翻訳家ならすぐれた臨床家になれるというものでもない。だが、対人援助の臨床には翻訳家的なセンスや態度が要ると思う。「すぐれた臨床家にはすぐれた翻訳家的側面がある」くらいは言ってよいように思う。この章では、精神科医・中井久夫の翻訳論と臨床論を参考にしながら、翻訳にまつわる知恵が臨床にどう生かされうるかを考えてみたい。

対人援助の臨床と翻訳の類似性

では、翻訳と臨床、似ていると思われるところをいくつか挙げることから始めてみよう。

まず、（1）そのままでは一般には意味が通じないものを、共有可能なものに直して通じ合うようにするところが似ている。また、そのためにまず、（2）相手の言わんとしているところ、相手が表現しようとしている世界を勝手に捻じ曲げることなく、そのままに受け取ることが求められる点も似ている。そして、（3）自分の意見や主張を括弧にくくり、自分の個性などは極力出ないようにと努めながらもなお、相手の声を受け取り伝えようとする際に、自分の色がついてしまうのを免れないところも似ている。さらに、（4）「翻訳なんて、本当にはできない」、「他人の心を分かることは、本当にはできない」など、原理的な不可能性を言われながらも、それでもやるところが似ている。

まだ挙げられるかもしれないが、とりあえずこのくらいにして、これらの類似点をそれぞれもう少し丁寧に見てみる。

（1）意味の共有化

まず、「意味の共有化」であるが、臨床事例の検討において、「『症状』や『異常行動』、『問題行動』にはすべて意味がある。それらは言葉にならない（できない）患者の訴えや思いが表現されたものなのだ」といった観点が採られることは多い。精神障害や発達障害を持つ人の理解しがたい言動は、周囲にとって、またしばしば当人にとってさえも、ただ厄介な「症状」や「異常」にしか見えていないことが多い。だが、それらが本人特有の不安や恐れの表われであるとか、あるいはそれに対する本人なりの対処行動であるとか、そういった「意味」を見出し、そしてそのように見出した意味を患者本人や周囲と共有することで、患者の生きやすさは格段に変わる。臨床はそうした営みの繰り返しである。臨床家は、相手の言葉やふるまい、服装や雰囲気などの有形無形の「テキスト」から、そこに含まれる「意味（メッセージ）」や「声（ヴォイス）」を聴き取り、共有しやすい言葉に訳出し、「自分と患者の間」や「患者内部の世界の間」や「患者と周囲の間」とに橋を架けているともいえる（もっとも、臨床の場合、「テキスト」は「訳者」の所作・ふるまいの影響を受けて変容する、彼我の相互作用の産物であるという側面も勘案する必要があるけれども）。これは通常、「理解」とか「解釈」とか言われるものであるが、そもそもどんな「理解」や「解釈」も、必ず「翻訳」的側面が含まれているといえるだろう。「私たちはたえず翻訳をやっているともいえる。相手のことばを、彼がこういっているのはこういうことだなと。それは解釈で翻訳じゃない？　実は解釈と翻訳はひとつづきである」（中井、２００６）。

アメリカの精神科医ベッテルハイム（１９６８）も、子どもの情緒障害の治療に寄せてこう述べていた。「われわれに求められていることは、あたかも古代の巻物を壊さずに開き、判読するにも似ています。しかも、これらの巻物は45種類のそれぞれ異なる言語で記されており（筆者注：ベッテルハイムの治療の場は45名の子どもが暮らす寄宿制の施設であった）、その言語についてはわれわれはほんの数語を知るのみで、残りの単語全ては勿論、なんら文章の構造についての手懸り、文法を知らない状態にあると申せましょう。しかしわれわれはやがては、この言語をその抑揚や韻律に到るまで、当の子ども自身より上手に駆使できるようにならねばなりません」。

(2) 相手の世界をそのままに受け取ること

このように、「理解」「解釈」は一種の「翻訳」的側面を持つといえるが、翻訳者がテキストを勝手に捻じ曲げ、牽強付会的な訳し方をしてもらっては困る。翻訳に正解はないというが、誤訳はある。「誤訳とは何か」という問題は思うほど簡単ではないとしても、やはり誤訳はある。誤訳による通訳は、臨床なら単なる迷惑では済まされない患者の不幸に繋がることがあるし、国際関係なら戦争に繋がることさえある。

ゆえに「相手の世界をそのままに受け取る」ということが要請されるわけだが、これに関連して、作家の村上春樹（2000）が、翻訳家であり大学教師でもある柴田元幸との対話の中で次のように述べている。柴田が「村上さんは人前でご自分でお話をなさるより、人の話を聞くほうが好きだということをおっしゃっていましたけど、翻訳をするということと、話を聞くということと、けっこうつながるんじゃないですか」と問うのに応え、「うん、ほとんど同じですね。小説を書いていると自分の中の声というのをある程度どんどん外に出していかなくちゃいけないわけですよね。ところが翻訳だと、ほかの人の声のなかにスーッと静かに入っていけるところがあるんです。だからやっぱり、翻訳に向く人と向かない人がいるんですよね。じっと人のヴォイスに耳を澄ませて、それは静かな声なんだけど聞き取れるというか、聞き取ろうという気持ちのある人、聞き取る忍耐力のある人が、翻訳という作業に向いているんだと思います」と。村上は他の箇所でも「英語に『他人の靴に自分の足を入れてみる』という表現がありますよね。実際に他人の身になってみるということなんだけど、翻訳って、いうなればそれと同じです」と語っている。同様に、フランス現代思想の研究者である内田樹（2007）もこうした村上の見解に同意する文脈で、「翻訳をする、とはある意味でそのひとに『憑依する』ことである」と述べている。

以上のような翻訳論を眺めていて思うのだが、これはもう、カウンセリングでいう共感的理解とほとんど同じではないだろうか。カウンセリングの業界において「共感的理解」といえば、昔も今も、良くも悪くもロジャーズが取り沙汰されるが、彼によれば「クライエントの私的な世界を、あたかも自分自身のものであるかのように感じ取り、しかもこの〈あたかも…のように〉という性格を失わない」のが共感的理解である。「憑依する」ほどのコミットの仕方で「他人の身になって」「じっと人のヴォイスに耳を澄ませ」「聞き取る」こと。これはカウンセリングを学ぶ者が必ず叩き込まれる（しかし具現化はむずかしい）ことがらでもある。

（3）それでも「自分」が出てしまうこと

このようにして相手の表現する世界をありのままに受け止め、それを他者に伝えようとしても、どうしても受け取り手の癖のようなものは出てしまう。同じ患者に対して、精神科医の中でも精神分析家は精神分析的な観点から患者の言動を「翻訳」するだろうし、生物主義的アプローチをする精神科医は主として脳科学的視点から患者の状態を「翻訳」するだろう。それぞれ「誤訳」ではないとしても、両者から伝わる患者像はずいぶん異なったものになるに違いない。もっとも、それがそれぞれ妥当なものであるならば、そうした差異を超えて、両者に対し〝本質を突いている〟という納得感が共に生じるであろうが、そうであるにせよ、理解し説明する言葉や文体は、自身が拠って立つものに多かれ少なかれ影響される。というか不可分である。

このあたりの機微を、児童文学の評論・翻訳をおこなっている清水眞砂子（2006）が次のように述べている。「…とにかく黒衣に徹したいと思います。私が邪魔をしないで、原作者の声をできるだけそのまま読者に伝えたい。変な注釈を入れないように、変な声を入れないようにしよう。邪魔しないようにしよう、と、できるだけ影を薄める努力をします。でも、私が使う日本語は、さっき申しましたように、私が育ってきた中でひとつひとつ身に付けてきた日本語なんですね。それを使いながら、一方で自分を消せというのは、とうてい無理なことで、どうしても自分が出てきてしまう」。

(4) 原理的不可能性

ゆえに、翻訳不可能論、「他者の理解」についての不可能論も出てくるわけである。そして、そういわれてしまえば、それはそうだろうと思う。確かに、訳文を得意気に語られたり、人の心が分かるなどとしたり顔で語られたりすれば、「それはその国の言葉による味わいと本当に同じといえるのか」「それは本当にその人の心そのものだといえるのか」といいたくもなる。

だが逆に、「そうでなければ意義はないのか」と問われると「そんなことはない」といいたくなる。それが虚ろな主張でないことは、翻訳された詩句に心を動かされる人、「分かってもらえた」と実感し救われる人が確かにいる事実が示している。しかし、これを信じ続けるには意思と努力が要るであろう。「翻訳家はきまじめで目立とうとしない『仲介者』である。ほんとうの自分はどこかというおぼつかなさと所詮にせものさという内部の声にさいなまれる仲介者である」「訳詩者は『それでもなお』と言い続ける存在である」と中井久夫（２００５）はいう。臨床家にも同じことがいえると思う。

翻訳の知恵を臨床の知恵に

翻訳と臨床における以上のような類比を考えながら、私は精神科医・中井久夫の「すぐれた翻訳家的側面」へ思いをめぐらせる。中井の代表的な仕事に精神分裂病（今は統合失調症）の治療論があるが、これなどは患者の言葉や文化に身を沈めながら（中井（１９９７）の表現を借りるなら「濡れ」ながら）聴き取ったヴォイスが中井的翻訳により公共化されたものといえると思う。

それがどのように「病的状態にある人」と「周囲の人間」との間に橋を架けたか、私的体験を示そう。私はかつて、思春期児童が発病過程を突き進んでいくのを目の当たりにしながら、中井の『精神科治療の覚書』を祈るような気持ちで持ち歩いていたことがある。その子ははじめ、「おや、ヘンだな」くらいの徴候を散見させるくらいであったが、やがてある時点から日ごとに眠りの質が削られ、雰囲気は緊迫したとげとげしいものになり、実際の言動からも刻々とゆとりが奪われていった。被害的色彩を帯びた認識は、妄想と呼べる域にまで達しつつあった。精神がただごとでない状態へと向かっていることは疑いがなかったが、その子の中の何と手を結べるのか、どのようにしたら精神科的治療に繋いでいけるのか、生活施設の職員である私たちは、その方途を見つけあぐねていた。そのとき持っていたのが中井の本である。ページは繰らなくとも常にバッグの中にあるお守りであった。私たちは、その子が良い眠り心地、良い目覚め心地を得ていないであろうことを見て取り、そのような身体の実感なら合意できそうに思った。また、正体の分からない焦り、考えようとしても考えようとしても思考が入り乱れ、考えがまとまらない口惜しさや歯がゆさなどにも想像をめぐらせ、その感覚とも繋がれそうに思われた。実際、それはある程度ではあるが可能であった。「なんだかうまく考えることが出来ないで苦しそう。それは、うまく眠れていないこととも関係があるかもしれないよ」という言葉にはかすかに頷いた。本人が精神科受診を受け入れ、入院に至るまでにはまだまだ苦労しなければならないことがいくつもあったが、当人側の困惑とささやかながら繋がれたことは、医療へ繋がるための大事なよすがになったと思う。中井の本が伝えたヴォイスが彼女の状態を慮る想像力の糧になり、私たちを支えたのである。

二つの言語（ヴォイス）のミーティング・プレイス

中井はまた、「風景構成法」という臨床描画法を開発した治療者としても知られている。これはアセスメント技法と治療技法が表裏一体となった描画法だが、一枚の絵が伝えるヴォイスを聴き取る力が要請されるこの種の技法を開発したところは、中井の「翻訳者的側面」――ことに中井が50代になって手がけるようになった現代ギリシア詩の訳詩者としての――の面目躍如という気がする。

中井（1997）は自身の訳詩のプロセスに触れ、「二つの言語、特に二つの詩――原詩とその訳詩――の言葉は、言語の深部構造において出会う」「ここにしか、二つの言語、特に詩の訳のための二つの言語のミーティング・プレイス（出会いの場所）はない」と述べている。中井はこの「深部構造」を、文法だけでなく、「音調、抑揚、音の質、さらには音と音との相互作用たとえば語呂合わせ、韻、頭韻、音のひびきあいなどという言語の肉体的部分、意味の外周的部分（伴示）や歴史、その意味的連想、音と意味の交響、それらと関連して唇と口腔粘膜の微妙な触覚…（中略）…音や文字の色感覚を初めとする共感覚」、「喚起されるリズムとイメジャリーとその尽きせぬ相互作用」、そして「それらの要求水準とでもいうべきもの」としている。

詩のための二つの言語はそういった場所において出会うという。では、「絵と言葉」はどこで出会うであろうか。「二つの詩」とまったく同じではないかもしれないが、わりと近いところにあるような気がする。さらにいえば、「二つの詩」や「絵と言葉」だけではない。中井は、日頃の診察においても、この訳詩に使われる「ミーティング・プレイス」が使われていることを示唆している。「面接の時と同じく、詩の暗誦においても、どこかの部分が暗誦しているうちに自然に日本語に変わってしまう。どうしてかは私には分からない。私は私の中の『言葉のミーティング・プレイス』を信頼してこの作業を遂行する」「なるほど、この過程には、精神医学的面接において構造が浮かび上がってくるのを待つのと同じ忍耐が必要である」と。繰り返しカルテ（詩）を読み、暗誦し、筆写する。強引な意味づけや性急な解釈をもとに安易な言葉をあてがうのではなく、相応しい言葉が「浮かび上がってくるのを待つ」。ここにも臨床と翻訳の似た性格が示されているといえるだろう。

中井が患者や精神科治療について語る言葉の一定量は、たとえ論文の言葉でも、このような、訳詩の言葉が生み出されるのと同じ場所に由来しているのではないかと私は思う。私は中井の論文にしばしば助けられてきたが、中井の論文は要約し難いとつねづね感じてきた。論旨は要約できるとしても、すれば確実に失われてしまう文の香気。中井論文の読後、こころに留められ実際の助けになったのは、論旨や結論的主張である以上に、文中の片言隻句であった。思うにそれは、使われている言葉が訳詩の言葉と同質のものであったからではなかったか。

技術の向上において

ところで、臨床が翻訳的側面を含むものであるなら、臨床の腕の向上も翻訳の腕の向上とどこか通じ合うところがあるかもしれない。精神医学や臨床心理学などの専門書片手に、そればかりを頼りに患者の状態を云々しているうちは、参考書片手に行なわれる受験生の固くぎこちない訳文答案に似た段階といえるだろう。その国の言語に通じる王道は、やはりその言語・文化の中に飛び込み、「濡れる」ことであるに違いない。といっても、あまりにぺらぺらな人は全くその国の発想になりきってその国の代弁者になり、仲介者、伝達者になれないそうで、たとえば日米技術移転においては「ほどほどの英語で手真似足真似を交え汗を流して相手に伝えようとする人が最も適任」（中井、1997）なのだそうである。

これは、治療者が患者の文化やことばに身を染めながら、しかし患者にはならず治療者としてあり続けることでその本来の役割と責任を果たせる、という事実に通じるところがありそうである。このあたりの翻訳家的センスの保持が、臨床技能向上のひとつのかんどころかもしれない。中井久夫は、このセンスを活かしながら臨床の腕を磨き、また実際の訳業を成してきた人のように私には思われる。訳業にしても臨床技能にしても、私たちは中井久夫になることはできない。しかし、そのセンスをこころがけながら日々を励むことならできる。

※引用・参考文献
ベッテルハイム（村瀬孝雄・村瀬嘉代子（訳））『愛はすべてではない』1968年、誠信書房、p12
村上春樹・柴田元幸『翻訳夜話』2000年、文春新書、p38—39、p111
中井久夫『精神科治療の覚書』1982年、日本評論社
中井久夫「訳詩の生理学」『アリアドネからの糸』1997年、みすず書房、p249—251、257

中井久夫「詩を訳すまで」『アリアドネからの糸』１９９７年、みすず書房、ｐ２２５
中井久夫「須賀敦子さんの訳詩について」『関与と観察』２００５年、みすず書房、ｐ２８５
中井久夫「翻訳って何？」『樹をみつめて』２００６年、みすず書房、ｐ２４２
清水眞砂子『『ゲド戦記』の世界』２００６年、岩波ブックレット６８３、ｐ26
内田樹『村上春樹にご用心』２００７年、アルテスパブリッシング、ｐ32

第19章　性暴力、その加害性を定位するために
──『沖縄と女性たちの戦後史』からの連想

はじめに

「沖縄と女性たちの戦後史──「戦争と性」を中心に」（言視舎、２０１６）を読みながら「戦争と性暴力」について考えること。それがここで私に与えられた主題である。私はいかなる意味でも戦争や性暴力の専門家ではないが、児童福祉領域の仕事に従事している仕事柄、性暴力が加害者・被害者双方に長期的で甚大な影響を及ぼすさまと無縁ではいられなかった。その経験を下敷きにしながら、支援実務と社会事象とのつながりを考えてみたい。

「ネグレクト」された地としての沖縄

沖縄という地は明治以来ずっと、本土から差別されてきた。アメリカの占領政策、基地政策は、日本に潜むそのような差別意識に乗る形で進められた向きがあったように思われる。今夏放送されたＮＨＫの番組（２０１６年８月20日放送ＮＨＫスペシャル『沖縄　空白の一年　基地の島はこうして生まれた』）によれば、１９４７年、マッカーサーは本国にこう打電したという。「アメリカ軍

による沖縄の占領に日本人は反対しない。なぜなら、沖縄人は日本人ではないのだから」。実際、当の日本において、「アメリカが沖縄を日本の領土と認めるなら、基地化には反対しない」という方針を検討する平和条約問題研究幹事会の動きが外務省内の文書に残されている。沖縄は日本から切り離されないために、また本土の復興や民主化を優先させるために、軍事基地としての負担を押し付けられ、その復興や福祉が無視（ネグレクト）された地と言えるであろう。

だから、「戦争と性暴力」、特に沖縄におけるそれを考えるにあたってまず私に思い起こされたのは、精神科医・細澤仁（２００８）の言葉であった。細澤によれば、「性的虐待は典型的には母親のネグレクト的養育態度を背景に父親により行われる」という。そして、性的虐待の既往を持つ患者の精神分析的心理療法では、「性的虐待をおこなう父親」と「見て見ぬふりをする母親」の表象が展開することが多いようだという。ここで私は、個別の臨床ケースにおいて展開する事象と社会共同体の問題を安易に同一視するつもりはない。また、患者―沖縄、父―アメリカ、母―日本というアナロジーを的確だと思っているわけでもない。だが、沖縄という地における性暴力の痛みを考えるとき、「本来、自分を大切に思い、護ってくれるはずの存在」から「ネグレクトされ、見て見ぬふりをされる」という背景は抜きがたいように思われ、連想されてしまうのである。戦時はさることながら、戦後も上記のような「ネグレクト」状況が作られていたことを思うとなおのことである。そして、今も基本構図は変わらないように見える。

「歴史的産物」としてのある視点

そのような沖縄の地で、ただでさえ言葉にしにくい性暴力に向き合い、不処罰を許さない、という動きを起こしていくということは、相当に困難かつ画期的なことであったと思う。山城（2016）は、沖縄戦についての証言をさまざまな方から聞き取り、紙面化していったなかでも、性暴力という被害の体験や語りがまったく抜け落ちていたとしているが、これは共同体の中で被害者が容易に特定されてしまうという「人権への配慮」ばかりが理由ではなかったろう。時代や社会が規定する視座からすれば、無理からぬことでもあったのだろう。

宮地（2008）によれば、性暴力の問題を「まず被害者自身の苦悩という視点からとりあげ、それがあってはならないという一定のコンセンサスのもとで議論」するようなあり方は、今でこそ当たり前のように思えるが、歴史的には実は非常に新しいのだという。性暴力という現象そのものは、「被害女性を所有する『市民男性』の権利侵害（レイプは傷害ではなく盗みと理解されていた）として、また被害者の所属する共同体や国家の『名誉』や『誇り』に関わる『侮辱』として」議論されてきた。また、「父や夫などの所有者をもたない女性（娼婦や寡婦など）への性暴力や、所有者からの（奴隷や女中や妻などに対する）性暴力、共同体や国家の後ろ盾を持たない亡命者、難民、避難民などへの性暴力は、性暴力と見なされないまま、（だからこそ）当たり前のように」起こっていた。つまり「トラウマの知見を根拠に議論し、性暴力を批判しようとする言説のあり方自体が、この時代になってようやく可能になった歴史的産物」であり、「被害者の苦悩を中心に性暴力の問題を捉え直すというのは、そういう意味では画期的なこと」なのであるという。

この「歴史的産物」を私たちは手放すべきではない。それは、すでに起こってしまった性暴力被害者の傷の保障という意味がもちろんある。だが、それだけではない。今後起こりうる戦時性暴力の予防という意味でも、である。「戦時性暴力は、平時とは全く異なる心理や論理のもとで起こると考えられがちだが、実際には密接につながっている」と宮地（２００８）は言う。実際、旧ユーゴスラビアの紛争時の性暴力も、社会における従来の男性優位的な文化が密接に関与していたというし、また藤原（２０００）や彦坂（２０００）も、旧日本軍の非道な戦時性暴力について、性暴力が起きる基盤としての文化や、性暴力を正当化する文化という観点から、当時の日本、そして日本軍を覆っていた文化状況（アジア諸国・女性への差別意識、人権の軽視、軍隊内における屈辱的な仕打ちなど）とのつながりを考察している。「地道なやり方ではあるけれども、戦時性暴力を予防するには、日常の文化をより人間的で豊かなものにすることが必要」だと宮地は言う。この見解がどこまで実例や実証に基づくものなのか私には分からないが、理屈の上では成り立ちそうな話だとは思う。

性暴力の加害性に向き合う難しさ

ゆえに、「被害者の苦悩を中心に性暴力の問題を捉え直す」基本姿勢を堅持し、性犯罪を不処罰にしないことは大切だと思う。しかし、これには多大な困難が伴う。被害者が声を挙げるのは容易なことではない。だからこそ、ずっと語られなかったのだ。

だが、これとはまた別の大きな困難もあるように思える。それは、加害者が自らの加害性を誤魔化しなく見つめ、自分の中に定位することである。被害者が被害者として正当に償われるためには（償われることが当然とする文化や社会秩序が醸成されるためには）、加害者が加害者として誤りなく自らを定位し、罪を認め、謝罪する作業が欠かせない。しかし、これはもしかしたら、「被害者が声を挙げる」こと以上に難しいことかもしれない。

戦時に性暴力を働いたある旧日本軍兵士に聞き取りを行なった井上（２０００）は、今は自らを「加害者」と認めているその旧日本軍兵士も、はじめは自らの加害性を否認し、過小評価し、責任転嫁する、といった、ドメスティック・バイオレンスの加害男性と同種の「言い逃れの心理的メカニズム」があったことを見出している。すなわち、相手は人間以下の存在なのだから、自分を加害者などとはとうてい認められない（否認）、当時は強姦しなかった人のほうが少なかった（過小評価）、明日をも知れぬ命、戦争なのだから（責任転嫁）、といったように。

この兵士は、中国の戦犯管理所で、「なんで戦犯なんだとはじめはそんなつもりだった」が、

「3年目くらいから『まずいことをしたかなあ』と思いはじめ」、（強姦のことは）「4年後からやっと書けるようになり」、「すっかり言うのに6年間もかかった」という。池田（2000）もこの同じ元兵士に対し、「自分の加害行為を認めつつも、その話に集中すると突然、兵士としての被害体験を語り出す、という行ったり来たりを繰り返」すさまを見て取っている。そして、「これは元兵士たちに聞き取りをしている時に、しばしば出会う場面」なのだという。「始めはその人の戦歴を中心に戦争体験一般を聞いているのだが、しだいにこちらの関心事である慰安所や戦場強姦に話が移る。詳細な現場の様子を聞き、被害にあった女性たちの表情、その時痛ましいという気持は起こらなかったのか、やめようとは思わなかったのか、あとで思い出して辛くなることはないか…というような核心に移っていくと、証言者が急に話題を転換するのだ。無残な死に方をした戦友や苦しかった戦闘の話に移り、涙を流す」と記している。これらは戦時性暴力の加害性に向き合うことの難しさが示唆されているように思われる。これは、旧日本軍兵士に限らないのではないだろうか。

加害行為が外傷となる可能性

戦時性暴力は、被害者の声も語られてこなかったが、加害者の声もまた、その実相は語られてこなかったように思う。その理由・背景はさまざまあろう。先に述べたように、そもそも「被害者の苦悩を中心に性暴力の問題を捉え直す」視点自体が未形成だったろうし、また先述の「言い逃れの心理的メカニズム」や、それを支持し、正当化するような文化基盤（他民族や女性への差別意識）の影響もあっただろう。それらが作用し、その加害性を見つめ、向き合うことをさせにくくしてきた側面は確かにあったと思われる。

だが、次のような側面もありはしないか。すなわち、性暴力は、それをおこなった者自身の何ごとかをも深く損なってしまうもの、外傷体験となりうるものであり、それゆえ、向き合うこと、語ることがとりわけしづらいものという面もあったのではないか、という側面である。先の兵士も、帰国後「強姦の体験だけは、なかなか人に話せなかった。人を殺したということは、平気で言えたけれども」と語っていたという。また、「帰国して二年後に結婚したが、強姦シーンが夢に出てきた。セックスするときに、ワァーと思い出すこともあって、そんなときにはセックスする気がなくなってしまった」とも。これらは戦時性暴力の加害行為の外傷性を示唆するものと思われる（若松孝二監督の映画『キャタピラー』にも、それが示されている）が、これも旧日本軍兵士に限らないであろう。だが、このような視点から話を聞くことはあまり検討されてこなかったのではないだろうか。

「非道な加害者の外傷体験を慮るなんて」と怒りを含んだ誤解を受けるかもしれないので急いで付け加えるが、私は何も、加害者もまた被害者なのだとか、ましてやそれにより免責が考慮されるべきだなどと言いたいわけではさらさらない。私はただ、「性暴力の〝加害体験の語られにくさ〟のなかに、加害者自身の外傷性が作用している部分もあるのではないか。だとすれば、加害者を加害者として明瞭に規定しつつも、その体験を誤魔化しなく、ありのままに聞こうとする作業が必要ではないか。それがなされなければ、加害者は自らの加害性や罪の意識に向き合う可能性から遠ざかり、それは結局のところ、被害者への謝罪もなされがたくなるので、被害者の救済も遠くなってしまうのではないか」と、実務的な観点を述べているつもりなのである。

だから、「彼女ら（筆者註・旧日本軍兵士による性暴力被害者）は長いスティグマにさいなまれなければならなかった。強姦者の側は、日本に帰国後、日常的偸安のなか、おのれの記憶表象を潜在意識に抑圧ないし融解させて経済的繁栄の恩恵に浴しえていたというのに」（津田、２００２）といった見方や、「これらの『日本鬼』たちは、『内地』へ向う引揚船のなかで口も顔もさっとぬぐって『善良な市民』にもどり、戦後の復興を、ついで高度経済成長をにない、今日のカネモチ大国ニッポンを築きあげるべく献身奮闘することができたのであり、そうしているうちに、よほどのことがないかぎり過去の悪事など思いださなくなってしまったのだ」（彦坂、２０００）というような見方に、私は頷くことができない。

ましてや、「元日本兵にあって、最近の言葉でいうＰＴＳＤ（心的外傷後ストレス障害）がほとんど認められぬ」（津田、２００２）とか、「アメリカ兵たちはベトナム戦争で精神的に深刻な傷を負った。一方、『大日本帝国軍隊』のばあいは『身体は傷ついても、こころは傷つかない不死、すなわち感情麻痺の強さ』をもっていた」（彦坂、２０００）という見解になると、何を根拠に？と疑いたくなる。反例ならすぐ見つかる（清水、２００６）。

確かに彦坂の言うように、新兵教育の中で、より人を殺せるようになるために、相手への罪責感を感じないよう、共感的な感情が鈍磨するような訓練はなされたであろう。だが、赤紙で招集され、にわかに「兵士」となったにすぎない、もともとは普通の家庭人が、皆こぞって、ベトナム戦争での米兵に比べて顕著に、感情麻痺ゆえに心に傷を負わない状態になりえた、などということがありうるだろうか。逆に、そのような訓練こそがPTSDの下地になるという見方もあるくらいである（滝川・佐藤、2003）。私には、彦坂や津田の見解は、加害者（この場合は日本、あるいは旧日本兵）が自らの加害者性に向き合うことをしてこなかった、という怒りや苛立ちにかられた、過度な単純化のように思える。その怒りは正当なものだとしても、加害者を真に加害性に向き合わせるためには、加害者像を単純化させるのではなく、個々に固有の心性を持つ者として、その実相に即した対応をすることが必要だと思う。

再び沖縄について

以上のような議論の展開の仕方は、現在の価値観や概念装置を用いて過去を評論するものとして批判されるかもしれない。また、本当にこの国で再び戦争が起こったら、以上のような視点など、「そんなあまっちょろいもんじゃない」と誰も省みることなく破棄され、歴史は繰り返されるのかもしれない。だが、私としては、「被害者の苦悩を中心に性暴力の問題を捉え直す」という、せっかく手にした「歴史的産物」の上に立ってものを考えたい。なにしろこの視点は、先人たち、とりわけ女性たちの苦闘の末に摑み取られた「歴史的産物」なのだから。だが実際には、今何ができるだろう。

話を沖縄に戻せば、この地は戦争に伴う性暴力という視点からは被害の地であり加害の地でもある。どちらにおいても、沖縄戦時になされたことがらの語りを得る作業のためには、もう時間が厳しくなってきているといわざるをえない。当時何がなされていたのか、可能な限りの記録を残すことがせめてものできることだろうか。だが、今まさに基地周辺で米軍関係者によって繰り返されている性暴力に対してなら、山城（2016）らが努めているように、「性犯罪をなかったことにしない、不処罰にしない」という実績を重ねる道が考えられる。この地道な積み重ねの中で、加害者に加害性を定位する働きかけを定着させ、それが当たり前とされる文化規範を醸成したいところだが、日米地位協定という圧倒的に不平等な関係性が相変わらずここに立ちはだかっている。結局、「見て見ぬふりをする母親」のスタンスが変わらない限り、本質的な部分はどうにもならないのかもしれない。

※引用・参考文献

池田恵理子『旧日本軍兵士の性行動　加害の精神構造と戦後責任』（日本軍性奴隷制を裁く　2000年女性国際戦犯法廷の記録Vol.2）2000年、緑風出版、p125―154
井上摩耶子『旧日本軍兵士の加害意識　加害の精神構造と戦後責任』（日本軍性奴隷制を裁く　2000年

女性国際戦犯法廷の記録Vol.2）2000年、緑風出版、p99―124
津田道夫『侵略戦争と性暴力―軍隊は民衆をまもらない』2002年、社会評論社
彦坂諦『男性神話からみた兵士の精神構造　加害の精神構造と戦後責任』（日本軍性奴隷制を裁く2000年女性国際戦犯法廷の記録Vol.2）2000年、緑風出版、p44―71
藤原彰『天皇の軍隊の特色　加害の精神構造と戦後責任』（日本軍性奴隷制を裁く　2000年女性国際戦犯法廷の記録Vol.2）2000年、緑風出版、p20―43
細澤仁『解離性障害の治療技法』2008年、みすず書房
宮地尚子「性暴力と性的支配」宮地尚子（編）『性的支配と歴史―植民地主義から民族浄化まで』2008年、大月書店、p17―63
清水寛『日本帝国陸軍と精神障害兵士』2006年、不二出版
滝川一廣（聞き手・佐藤幹夫）『「こころ」はだれが壊すのか』2003年、洋泉社新書y
山城紀子（聞き手　佐藤幹夫）「沖縄と女性たちの戦後史―「戦争と性」を中心に」『飢餓陣営せれくしょん5・沖縄からはじめる「新・戦後入門」』2016年、言視舎、p46―76

第20章　共存と共生
——感染症と優性思想に寄せて

排除を是とする思考形式を支えるもの

これを書いている2020年3月半ば、世のニュースは新型コロナウイルスでもちきりである。学校は臨時休校になり、ディズニーランドも休園となり、各種イベントは中止、または縮小・延期。アメリカでは緊急事態宣言が出され、フランスでは外出禁止令が出され、日本ではオリンピックさえ延期が確定した。私の周辺でも、飲み会はもちろん、研修会や研究会も軒並み見合わせとなった。

これらの動きは当然のことながらウイルスの感染拡大防止を目的としている。だが、重症化率や致死率が破格の高さとまでは言えない現段階の日本において、人々がこれらの措置を受け容れている理由は、実のところ感染拡大や罹患による健康被害そのものより、感染が発覚した場合に周囲から詮索され、後ろ指をさされることへの恐れのほうが大きいのではないだろうか。私にはそう思われる。「これだけ世の中が大騒ぎになって皆それぞれに我慢しているのに、感染したあんたはいったいどこで何をしてたんだ⁉」「なんでこのご時勢にそんな集まりをやったんだ？」と。そこには発症した人の容態を案ずる視線はほぼない。むしろ「迷惑なものを広げる迷惑な奴」と責任を問う目がある。

ウイルス学の発展は、むろん人類に多大な恩恵をもたらした。しかし、医学のみならず社会全体に一定の思考形式を根付かせるのに寄与した面もあるだろう。すなわち「良くない事態には良くない原因がある。その原因を取り除きさえすれば事態は良くなる」といった「悪しきものの排除」を是とするような思考形式である。

「ウイルス学的思考」に抗う書

『精神医療のゆらぎとひらめき』（横田泉、２０１９）は、同じ医療の世界にありながら、そのような「ウイルス学的思考」に抗い続ける思想と実践の書である。統合失調症患者を〝悪しきもの〟として社会から隔離・排除する精神科病院の「収容所性」の弊害に抗い、統合失調症患者が示す「症状」や「問題行動」を〝悪しきもの〟として直線的に治療の標的と見なす暴力的な「正しさ」に異を唱える。それを声高にではなく、自身の考えや振る舞いの変遷をたどりながら訥々と語っている。

たとえば、水中毒（病的に水を多飲し、低ナトリウムによるけいれん発作が生じることがある）を合併する慢性統合失調症患者の様子に、著者は彼らが「何らかの激しい欲求にせき立てられて、激しく喫煙し飲んだり食べたりして」いる姿を見て取る。味わっているようにはとうてい見えない。そこから食べること・味わうことの本質や起源に考えをめぐらせ、「水中毒の患者さんは、食べることに伴う『抱きかかえられている』側面がおびやかされている。だから生理的欲求を満足させることのみが突出し、過剰に食べても満足が得られない」と考察している。「だから、いったん失われた『味わうこと』を取り戻すことが、水中毒からの離脱、ひいては統合失調症の回復にとって重要となる。ゆったりとした環境で、一緒に飲んだり食べたりタバコを吸ったりして、その時間を楽しむ。そうすることで、やがて味わう感覚が回復し、同時に人といることが不安から楽しみに転化する。このようにして統合失調症は回復する」(p37)。

水中毒は困った症状だ↓水分制限のために隔離室に入れよう。喉の渇きを誘発する喫煙も悪しき習慣だ↓禁煙を強制しよう。このような思考形式に抗い——抗わないとあっという間にこの「正しく分かりやすい」支配的潮流にもっていかれてしまうからだ——「症状」や「問題行動」の背景を理解しながら根気よく付き合っていく。そうするうちに、それらは次第に患者を苛むものではなくなっていき、やがて生活の中になだらかに溶け込んでいく。こうした著者の考え方と対応の実際は、例に挙げた水中毒の他にも、入浴、タバコやコーヒー、服薬、暴力など、生活の端々にある細部を素材に、本書の随所にうかがうことができる。というより、それがこの本に一貫して流れているものである。

排除を是とする思考形式の極地

本書では、「悪しきものの排除」を是とする思考の極地ともいえる、２０１６年7月に起こった津久井やまゆり園入所者殺傷事件についても言及されている。著者は、この事件にかつてない衝撃を受け、戸惑い、「自分の責任として、自分の現場から、この事件について考察し記述しなければいけない」と、義務と責任を感じる（p69）。この事件は、植松聖死刑囚個人の問題に帰するのみでは不十分だと著者は言う。日本の障害者ケアのあり方、入所施設がもつ暴力性、それを成り立たせている社会の無関心、採算性・営利性を重視する価値観、承認欲求を背景にした「正義」を振りかざす攻撃性……など、現代の日本社会が生み出したものとしてとらえる必要がある、と。

その立場から、「障害者は不幸を作ることしかできません」「障害者を殺すことは不幸を最大まで抑えることができます」等の考えを犯人が形成するに至ったのは、「福祉の現場で働いていたのに」ではなく、「福祉の現場で働いていたから」ではないかと着想し、そこから施設や精神科病院のもつ「収容所性」の危うさ、その中にあっても希望と自負を失わない現場のあり方を考察していく。

その〝思想〟との共存は可能か――感染症と人類社会の歴史

ここで展開されている著者の見解の一つひとつに頷きながら、私は、植松聖死刑囚が主張してやまない、「重度障害者は不幸を作り出す存在でしかなく、共存など間違いだ」と断ずるような〝思想〟といかに共存できるのか、という主題を考えていた。彼は「ウイルス学的思考」を煮詰め、意思疎通のできない（と彼には思われる）重度障害者を排除すべき害悪と見なし、そして実行した。行為はもちろん、その〝思想〟も私は容認できない。だが、それを排除すべき害悪と見なして撲滅しようとするならば、基本姿勢は植松死刑囚と同型ということになってしまう。〝悪しきもの〟の理解に努めながら根気良く付き合っていこうとする本書に学ぶ姿勢を地で行くなら、それとの共存・共生を可能とする筋道を考える必要があるのではないか。

これを考えるにあたり、山本太郎・長崎大学熱帯医学研究所教授が述べていた感染症と人類社会の歴史（2020年3月11日付、朝日新聞朝刊）は、一種のアナロジーとして興味深かった。以下、山本のインタビュー記事を引用しながら述べる。

――「私たちは感染症を『撲滅するべき悪』という見方をしがちです。だけど、多くの感染症を抱えている文明と、そうでない文明を比べると前者の方がずっと強靭だった。16世紀、ピサロ率いる200人足らずのスペイン人によって南米のインカ文明は滅ぼされた。新大陸の人々は、スペイン人が持ち込んだユーラシア大陸の感染症への免疫を、まったく持っていなかったからです」。

植松死刑囚の〝思想〟を一種のウイルスのようなものと考えてみる。「障害者は不幸を作り出すことしかできない」「重度の知的障害者は生きている価値がない」等、今回、事件や裁判を通じて明瞭に主張された彼の〝思想〟は、各種メディアによって広く飛散することになった。これらの言葉に触れた大抵の人は（少なくとも表向きは）眉をひそめるだろう。しかし、では、「いや、確かに価値があり、意味がある」と実感を込めて言い切れる人はどれくらいいるか。もし言い切ったとして、「どんな価値？　どんな意味？　財政が逼迫している中、彼らにはこれだけのコストがかかってるんだぜ？」とさらに問われて言い淀まない人はどれくらいいるか。言い切れず、また私を含め言い淀む人は多いだろう。こうして人は自らに「内なる植松」を見出し、彼を退けきれずに頷きさえする箇所を発見する。これを〝感染〟としよう。

しかし、感染しても、「いや、でも…」と抗う人は少なくないはずである。自分の倫理観の根拠を問い、一見自分よりできないと思っていた人が、自分にはない、別次元の輝きを持っていることに目が洗われた体験を思い出すかもしれない。あるいは、自分にはできることなど何もなく、したがって価値もないとしか思えなかった日々の中で、しかし何かが、誰かが救いとなってくれた感触を訪ね当てるかもしれない。それでも「内なる植松」は消え去らないが、消え去らないがゆえに、その葛藤を保持しながら考え続ける道が開かれる。これが免疫（抗体）をもっている状態だと私は考える。

一方、「内なる植松」に目をつぶり、自分の中にはピュアでクリーンなものしかないと信じている（免疫がない）場合はどうだろう。ドラスティックな内容を弁舌巧みな人物が臆面もなく主張するのに触れると、案外その勢いに容易に流されてしまうかもしれない。社会・経済が不安や危機を抱えている場合などは特にそうだろう。「自分は綺麗ごとを言っていた。彼が言っていることこそ普段我々が誤魔化している真実だ」などのように。あるいは逆に、日ごろ意識しない暗部を突きつけられた不快さから、より激しく排撃し、撲滅しようとするかもしれない。だが、それは長期的に見て、私たちの社会を強靭なものにするだろうか。

排除・撲滅の試みと耐性菌

――「人類は天然痘を撲滅しましたが、それにより、人類が集団として持っていた天然痘への免疫も失われた。それが将来、天然痘やそれに似た未知の病原体に接したときに影響を与える可能性があります。感染症に対抗するため大量の抗生物質を使用した結果、病原菌をいかなる抗生物質も効かない耐性菌へと『進化』させてしまった実例もある」。「感染症については撲滅よりも『共生』『共存』を目指す方が望ましいと信じます」。「多くの感染症は、人類の間に広がるにつれて、潜伏期間が長期化し、弱毒化する傾向がある」。「集団内で一定以上の割合の人が免疫を獲得すれば流行は終わる」。

私たちの社会は植松を排除し、その〝思想〟を撲滅しようとした。〝危険思想〟を語る彼を措置入院にし、逮捕後は拘置所で、あるいは公判で、幾人もの人が彼に自身の考えをあらためるよう働きかけを行なった。だがその試みは、結果として彼とその〝思想〟を「いかなる抗生物質も効かない耐性菌へと『進化』させてしまった」のかもしれない。実際、彼が事件の決意を固めたのは措置入院中だというし、拘留中は「色々な人と接見を重ねるほど、自分の考えを補強するヒントと情報が集まってくる。本までも差し入れてくれる」経験を重ねた（佐藤、２０１９）――そうか自分は「優生思想」の持ち主なのか、あのヒトラーとも一緒か――といったように。

しかし、撲滅の試みが結果としてそうなったからと言って、では「共生」「共存」は可能だっただろうか？　その〝思想〟となら、先に述べたような意味で、〝感染〟しながら共存できるかもしれない。だが、植松聖という人物と社会生活や現場を共にすることは、私にはできない気がする。もし仮に、ああいった考えを迷いなく語る人物が就職面接を受けに来たら、やはり早々にお引き取り願うだろうし、仕事をやっていく中で語り出したらそのままには決してできない。何とかケアの現場から遠ざけようとすると思う。他にどうすることができるだろう？　考えを固めた段階に至っては、もうどうもできなかったように思う。

できることがあったとすれば、やはりその手前、仕事をする中で何かを摑んでいくプロセスだろう。だからこそ、「『福祉の現場で働いていたのに』ではなく、『福祉の現場で働いていたから』ではないか」との問いが現場の人間には重くのしかかる。

共存・共生への扉――対抗言論によってではなく

結局これは「論より実感」で、「重度知的障害者の生に意味はあるのか」といった類の抽象的な問いの土俵にいる限り、どんなに周到で明晰であっても、対抗言論によって主張が覆ることはないであろう。意味も価値も、確かなものは実際の具体的な「私と○○さんとの関わり」の中にある。分からない人には分からないかもしれないが、私には分かる。まずはそういうものだろう。植松にはずっと分からなかった。そもそも分かり難い人ではあったのかもしれない。

だが、ごく一般的に言っても、その意味や価値を摑むのは誰にとってもそう容易ではないはずである。大抵の人はそこに至るまでに相手（「病者」「障害者」）の不可解さにたじろぎ、戸惑い、試行錯誤する時間がかなり必要であろう。数日で何の苦もなく分かりました、という人のほうがむしろ稀ではないだろうか。では一般に、人はどんなふうにしてそれを摑んでいくのか。

『道草』というドキュメンタリー映画がある。これは、重度の知的障害をもつ人が訪問介護制度を利用して、24時間サポートを受けながら街なかでのアパート生活を実現している姿を描いたものだが、ここでも「彼らが存在することにどんな意味があるのだろうか」と自問する男性介護者が描かれている。だが、実際の彼と利用者のやり取りは軽妙で、彼自身は自問しつつも何かしらの意味を既に知り、むしろ味わっているふうでさえある。それは何によって可能になったのだろう？

個人的資質はもちろんあるだろう。また、現場が施設ではなく、街なかでの個別的ケアであることによって、「収容所性」がもたらす弊害の重力から比較的免れている面もあっただろう。だが、おそらくそれだけではない。資質があろうと地域が舞台だろうと、行き詰る人は行き詰るし、行き詰るときは行き詰る。

思うに、一人で考えるだけではダメなのだ。実際に利用者と付き合う時間は一対一である。だが、ケアというものは、一対一で付き合う背後に「相手の不可解さにたじろぎ、戸惑い、試行錯誤する時間」を支えてくれる仲間が必要なのだ。映画でも、不可解さを共有し、途方に暮れ、それでも理解を更新しながら次の関わりの糸口を探るべく他のスタッフと語り合う時間が随所に描かれる。植松が津久井やまゆり園で過ごした3年に、そのような仲間と時間はどれだけあっただろうか。私がその現場にいたとして、彼の背後を支える仲間の一人でありえただろうか。

植松死刑囚が重度知的障害をもつ人と共生する道も、私たちが植松死刑囚やその〝思想〟と共存する道も、安定した模範解答などない模索の中で、キラリと光る瞬間を見出そうとする営みの内にあったはずである。「ゆらぎとひらめき」、まさに先に挙げた横田の書の表題の通りである。本書はそれが不可能ではないことを示唆している。と同時に、それは人間の尊厳を損なうものとの持続的な闘いによってはじめて可能となる厳しいものであることも、誤魔化すことなく教えてくれている。

文献

横田泉『精神医療のゆらぎとひらめき』２０１９年、日本評論社
佐藤幹夫「成田洋樹氏（神奈川新聞）に聞く『分ける社会』をどう終わらせるか」『飢餓陣営』vol.49、２０１９年、編集工房飢餓陣営、ｐ１２６―１３８
山本太郎（聞き手・太田啓之）「感染症と社会　目指すべきは『共存』」２０２０年3月11日付朝日新聞朝刊

あとがき

本書に収録された文章は、そのほとんどが2013年からの10年ほど、私が40代の時に書いたり話したりしたことがもとになっている。支援の実務も、それが反映されているはずの文章も、年齢やキャリアは無縁ではない。というか、切り離すことはできないと私は思う。この10年が私にとってどのような時期であり、どんな意味をもつのか、当然というべきか、それはまだわからない。ただ、それぞれの文章には書いていたその時々の私が刻印されているのは確かなので、それ以前の私や今後の私を測量するための標石のようなものにはなるだろう。読者にとっても、著者の年齢とキャリアをイメージすることは、臨床関連の本においては意味のあることではないだろうか。

さて、最後になって述べるのもなんだが、書名『「ケア」を謳《うた》わないケア』について。制作も終盤にさしかかったあたりで、ようやく本書の表題は決まった。この本はケアについて書かれたものなので、いささか逆説的で矛盾したタイトルではあるのだが、編集をしてくださった言視舎の杉山尚次さんが、「内海さんが大事にしたいことって、たぶんこういうことだと思うんですよね」と、全体から汲み取られた感想を示してくださった。言われてみれば確かにそんな気もしたので、少しだけ話し合い、ほどなくこの名に落ち着いた。

こうしてみると、本書は「言われてみれば確かにそんな気もするな」から出発し、終着もまたこの言葉によって決まったことになる。ひょっとすると、これが今の私にわりとマッチしたあり方なのかもしれない。ゴリゴリと「自分」を押し出すのではなく、周囲の方が私に見出してくださったものに乗ってみて、応えていくことで一つの形が出来ていく。そんな贅沢でありがたいことはいつまでも続くわけではないと思う。けれども、ともかくも、この本はそのようにして出来上がった。きっかけを作ってくださった佐藤幹夫さん、編集の杉山尚次さんはじめ、私をとりまく流れを作ってくださったすべての方に感謝したい。

2023年7月　梅雨明け間近の横浜にて

内海新祐

『そだちの科学』28号、2017年、日本評論社
第10章　「児童養護施設職員から見た家族」『統合失調症のひろば』5号、2015年、日本評論社　（※大幅に改稿）
第11章　「閉鎖状況における困難―児童養護施設で起こる暴力」『臨床心理学』107号（第18巻第5号）、2018年、金剛出版
第12章　「自らの臨床活動の魅力と難しさ」『上智大学臨床心理研究』第43巻、2020年
第13章　「継承めぐる課題―社会的養護において」『そだちの科学』38号、2022年、日本評論社

第3部
第14章「〝周辺の厚み〟がもたらすもの」『世界の児童と母性』78号、2015年
第15章　「ふつうのおばさんの滋味」『世界の児童と母性』78号、2015年
第16章　「「時間と自分は同じ」という観点から―児童養護施設の心理として」『チャイルドヘルス』Vol.18、No.4、2015年、診断と治療社
第17章　「貧困と「ほとんど破壊的といってよい精神状態」について―児童養護施設から見えるもの」『こころの科学』224号、2022年、日本評論社
第18章　「翻訳と臨床の出会うところ」『飢餓陣営』33号、2008年（のちに『飢餓陣営せれくしょん1　木村敏と中井久夫』2014年、言視舎、に所収）
第19章　「性暴力、その加害性を定位するために―「沖縄と女性たちの戦後史」からの連想」『飢餓陣営』44号、2016年
第20章　「共存と共生、対抗言論によってではなく」『飢餓陣営』51号、2020年

初出一覧（以下をもとに一部を改稿した）

序章　「虐待を受けた子どもの回復と育ちを支える生活の中の支援」『子どもの虹情報研修センター紀要』No.14、2016年

第1部
第1章　「社会的養護におけるアタッチメント―子どもの理解と援助のために知っていてよかったこと」『発達』153号、2018年、ミネルヴァ書房
第2章　「児童養護施設における愛着の問題への取り組み―「愛着をつなぐ」という観点から」『こころの科学』198号、2018年、日本評論社
第3章　「愛着の傷つきと、子どものレジリエンス―児童養護施設における心理士の視座から」『乳幼児医学・心理学研究』Vol. 25(1)、2016年
第4章　「「試し行動」というとらえ方をめぐって―支援者としての観点から」『里親と子ども』Vol. 7、2012年、明石書店
第5章　「薬の力と人の力」『統合失調症のひろば』3号、2014年、日本評論社
第6章　「「解離かもしれない」と思ってみることの効用―児童養護施設職員の意立場から」『こころの科学』221号、2022年

第2部
第7章　「児童養護施設の実態と課題」『そだちの科学』22号、2014年、日本評論社
第8章　「児童養護施設の現在」『そだちの科学』27号、2016年、日本評論社
第9章　「困ったときにどうしているか―児童養護施設の職員として」

[著者紹介]

内海新祐（うつみ・しんすけ）

1973年神奈川県生まれ。東京大学大学院教育学研究科博士課程単位取得退学。社会福祉法人旭児童ホーム心理療法担当職員。東洋英和女学院大学大学院、学習院大学大学院、お茶の水女子大学、非常勤講師。公認心理師、臨床心理士。著書に『児童養護施設の心理臨床─「虐待」のその後を生きる』、『子ども虐待を考えるために知っておくべきこと』（共編著）、『こころで関わりこころをつかう─心理臨床への手引き　その実践』（編集）（いずれも日本評論社）がある。

装丁 ……………佐々木正見
DTP制作………勝澤節子
編集協力 ………田中はるか

[シリーズ現場から]

「ケア」を謳《うた》わないケア
児童養護施設・心理職の視点から

発行日❖2023年8月31日　初版第1刷

著者
内海新祐

発行者
杉山尚次

発行所
株式会社言視舎

東京都千代田区富士見2-2-2 〒102-0071
電話03-3234-5997　FAX 03-3234-5957
https://www.s-pn.jp/

印刷・製本
モリモト印刷㈱

ISBN978-4-86565-256-7 C0336